共和国领袖故事

朱德

中国国家博物馆 编著

《共和国领袖故事》编辑委员会

主　任　吕章申　潘震宙
副主任　贾立群
委　员　（按姓氏笔画为序）
　　　　马英民　刘　芳　朱　珠　安　莉　胡惠强　耿　坚
　　　　夏燕月　席　新　龚　青　龚东生　崔久衡

总　主　编　吕章申
执行总主编　夏燕月

本册主编　安　莉
本册作者　安　莉　姚　杰　马海鹏　朱砚秋
图片保障　杨红林
图片制作　施宗平　刘津京　唐　雪　吴　虹

目 录

佃农的儿子 / 1

求索 / 5

投笔从戎 / 10

辛亥革命建奇功 / 14

护国名将 / 17

入党 / 21

设宴制敌 / 27

"要革命的,跟我走" / 31

智取宜章 / 36

会师井冈山 / 40

老"医官" / 45

打败江西"两只羊" / 49

扁担的故事 / 55

军长理发 / 61

让马 / 65

打了胜仗来结婚 / 69

欢度端午节 / 74

活捉张辉瓒 / 78

红军无线电台的诞生 / 83

黄陂大捷 / 88

智斗张国焘 / 92

炉霍播种 / 98

草地晚餐 / 102

诚挚的友谊 / 106

仗马太行 / 110

募钱养母 / 115

南泥湾的篝火 / 119

攻坚战的楷模 / 123

我们要有海陆空 / 128

第一任中央纪委书记 / 135

授勋 / 140

种树 / 145

不要接官要接班 / 150

粗菜淡饭最相宜 / 155

战友情谊 / 159

唯有兰花香正好 / 164

别忘了人民 / 169

革命到底 / 174

佃农的儿子

四川盆地的北部,横亘着绵延不断的大巴山脉。在这里,有一座小县城隐没在重山叠峦之中。它,就是后来有名的仪陇。1886年12月1日(农历十一月初六),朱德就诞生在仪陇县马鞍场李家塆的一个贫苦的佃农家中。

朱家祖籍广东韶关。明末清初移民到四川。自先祖朱文先开始,到朱德这一辈,已是第六代了。朱家几代人,长年脸朝黄土背朝天,苦煎苦熬,靠租种地主丁邱川家的土地艰难度日。

朱德出生时,一家三代11口人,挤在丁邱川家废弃的一幢破仓房中。祖父朱邦俊,是一个淳朴、勤劳的农民,他把一生都交给了黄土地,直到八九十岁还非耕田不可,不耕田就会害病。临死前不久,还在田里劳动。朱邦俊有4个儿子,朱德的父亲朱世林排行老二,终生务农。他性格耿直厚道。朱德的母亲钟氏,是穷苦艺人的女儿,她性情温柔,为人贤惠,明达事理。母亲忍耐、宽厚、善良的人格,对朱德的一生产生了重要的影响。朱德两岁时,过继给伯父朱世连。在朱德的记忆中,伯父治家严谨,勤于劳作,知悭识俭,是一个不同寻常的男人。

朱德全家人起早贪黑,不停地劳作,日子仍然过得很艰难。他们穿的是自家纺织的粗布衣,吃的是杂粮掺野菜、红薯熬的菜饭。贫苦的家境,迫使朱德很小就开始分担家庭生活的重担。六七岁

共和国领袖故事

时,朱德就帮助家里放牛、割草、拾柴,八九岁时已经能干一些田里的农活了。

朱德不明白,为什么全家人一年到头,辛辛苦苦用汗水换来的稻谷,却一担一担地送到地主的粮仓里;地主上山避暑或进城看戏,也要朱家出人去抬滑竿。为什么穷人家成年累月劳动,到头来却缺吃少穿;地主不劳动,却有吃不完的粮食,穿不完的衣服。而且,穷人还要受地主的欺负。在朱德幼小的心里开始仇恨人世间的不平。

由于世代贫困,朱德家里祖祖辈辈没有一个识字的人,因此经常受着衙门差役和乡间豪绅地主的欺压。于是,全家人商量着,让朱德兄弟去念书,将来好支撑门户,不受欺负。在朱德6岁那年,

■ 朱德的故乡——四川省仪陇县马鞍场李家垭

家里把朱德和两个哥哥送到丁姓家族的私塾读书。在丁家私塾里读书的,绝大多数是地主或有钱人家的子弟。在这里,朱家兄弟备受欺侮。他们被分配坐在最后一排光线最暗的座位上。学费一分钱不少交,却只能上半天课。朱家为了让孩子读书识字,也只好接受了这些苛刻的条件。

  私塾的先生是个姓丁的秀才。他对富家子弟不敢惹,对朱家兄弟却动不动就拿戒尺打手板。那些有钱人家的少爷,根本看不起穿草鞋的农家子弟,时常寻机挑衅,还给他们起外号,骂他们"三头水牛",还借用同音字"猪"来羞辱朱家兄弟。为了读书,他们只得忍气吞声。有一次,朱德上学前帮家里拾柴,没来得及吃饭,妈妈让他带了一个烤红薯。丁家少爷看到朱德的口袋鼓鼓囊囊,非

■ 朱德的诞生地——地主丁邱川家的破仓房

说朱德偷了他家树上的梨,朱德捂着口袋据理力争。丁家少爷猛地扑了过来,另外一些少爷也跟着一哄而上,直到把烤红薯揉烂在朱德的口袋里。朱德忍无可忍,就和他们扭打起来。那些少爷哪里是朱德的对手,不一会儿,就被打得哭爹喊娘,搅得满教室桌倒椅歪。这时,丁秀才正好走进教室,他不分青红皂白,先打了朱德10戒尺,接着又罚他面壁站了1天。那些少爷却在一旁幸灾乐祸。朱德气得咬牙切齿,双拳握得紧紧的,心想,一定要为穷苦人争口气。从此,他更加发奋读书,一分钟时间都不肯浪费。回家后,一边帮妈妈干活儿,一边背书。晚上,母亲在小油灯下纺线,朱德就坐在她身边念书,一直念到困倒在妈妈身上。正是靠着这种勤奋精神,在丁家私塾的两年多的时间里,朱德读完了四书,还读了《诗经》《书经》等。

佃农的家庭多灾多难。正常年景年年都要交粮纳租,终年不得温饱。遇到灾年,日子就更难过了。有一年冬天,只下了一场小雪,田里的墒情不好。到了第二年春天,仍然没有摆脱旱情,许多土地都裂开了口子。朱家老小不分白天黑夜,拼命地往田里车水。朱德放学后也到田里帮忙,一直干到深夜。

这年的年景不好,但地主的地租不减少,反而还要加租,朱家无力交纳。除夕那天,地主的管家突然来到朱家,逼着他们退佃搬家。这个突如其来的打击,如晴天霹雳,震碎了全家人的心。冰天雪地,一家老小十几口人,到哪儿去安身呀?大家商量来商量去,最后决定,父亲朱世连带领一家投靠陈家湾的亲戚;朱德跟着伯父母、三叔、四叔搬回大湾老屋去住。分别时,朱德眼含热泪,依依惜别了慈祥的母亲和朝夕相处的兄弟姐妹,离别了他生活了9年的小山村……

悲惨的遭遇,严酷的现实,在幼年朱德的心灵上深深埋下了仇恨的种子。

求索

1895年，朱德随伯父移居到大湾，贫寒的家境没有多少改善。一年后，具有远见卓识的伯父靠借贷送朱德进席家砭的私塾继续读书。

席家砭距大湾7里地，塾馆的先生叫席国珍，字聘三，年近50。席先生年轻时曾多次参加科举考试，都没有考中，后来便回到家乡，设馆教书。他为人刚正，嫉恶如仇，在朱德眼中，他是一个"对外部世界颇有远见卓识的学者"，还是一个"周身叛骨、朝气蓬勃的评论家"。朱德聪明好学，忠厚勤快，也深得先生的喜爱。

朱德随席先生读书的几年间，正是近代中国剧烈动荡的年代。一方面，清王朝统治者腐朽昏庸，致使国力日蹙，面对帝国主义列强的入侵，束手无策，在列强的铁蹄下签订了一个又一个饱含屈辱的条约，使中国一步步走向半殖民地半封建社会的苦难深渊；另一方面，中国人民日益觉醒，不堪忍受民族的屈辱，奋起抗争。一些具有强烈爱国意识的仁人志士为挽救民族危亡奔走疾呼，试图探索一条救国救民的道路，使中国摆脱帝国主义列强的劫掠。

社会的动荡，也同样震撼着席家砭这个西南偏僻的山村。席先生经常向学生们讲述他听到的悲惨事实，启发大家关心国家和民族的命运。慢慢地，少年朱德的眼界开阔了，知道了许多发生在大山以外的事情，明白了许多道理，萌发出要拯救中华民族的爱国

■ 朱德少年时读书的地方——席家砭私塾

意识。

在席先生的私塾里,朱德读完了四书、五经,还读了《三国演义》、《东周列国志》等一些历史小说。更重要的是,他有机会接触到戊戌变法后出版的新书,如地理、数学等。有一次,在成都读书的同学吴绍伯回来度假,带回了一本北京译学馆出版的数学书。席先生如获至宝,赶忙叫来吴绍伯、朱德和自己的儿子,4个人接连琢磨了好几个晚上,在昏暗的烛光下,一看就是几个小时。从此,朱德对数学产生了浓厚的兴趣。当他见到别人从外地带来的地球仪时,眼光远大了,知道了有个地球。渐渐地,朱德产生了到外面去看看世界的想法。

1905年底,19岁的朱德第一次离开了养育他19年的家乡,和几个同学一起走出山沟,到顺庆府(今四川南充市)求学。这时,清政府标榜推行"新政",宣布停止科举考试,普设蒙小学堂,各种新式学堂如雨后春笋,遍及全国。1906年春,朱德进入南充县官立两等小学堂,半年后,又考入顺庆府官立中学堂。这所学堂是一批从日本留学回国的革新派人物办的。学校设置的课程有:国文、数学、物理、化学、历史、地理、外国语、法律、修身、国画、体育等,老师大都是进步的革新派。他们在讲课或交谈中,经常向学生灌输反对帝国主义侵略的爱国思想,抨击清政府。学堂的监督就是后来著名的爱国民主人士、中国民主同盟创始人之一的张澜先生。他是一个反清的激进民主主义者、同盟会会员,留学日本时,因反对慈禧太后,被清朝驻日使馆押送回国。他经常慷慨激昂地鼓动学生:"要亡国灭种了,就是牺牲身家性命,也要去救国家。"朱德十分敬佩张澜,经常和同学们到他家里畅谈国事。朱德的老师刘寿川也是仪陇人,他们师生二人关系很密切,经常在一起促膝谈心。刘寿川向朱德介绍了明治维新如何使日本走向先进,科学给日本带来生机,唯有科学才是救国之本,而只有变法维新才能发展科学。先生们这些宣传资产阶级改良主义思想的言论,给朱德留下了深刻的印象。他逐渐领悟到,应该像张澜先生说的那样,不惜个人的身家性命去拯救国家、拯救民族。在当时"强身救国"、"教育救国"的思潮影响下,朱德接受了刘寿川先生的建议,决定到成都去求得更多的知识,拓宽自己的视野。

1907年初,朱德来到成都,考入四川通省师范学堂附设的体育学堂。他之所以选择体育专科,一是因为他身体素质好且又有兴趣;二是因为他相信体育可以增强国人体魄,将来做一名教师,使千千万万中国人不再做"东亚病夫"。

这个时期,孙中山领导的中国同盟会在日本东京成立。随着风起云涌的革命浪潮,西方资产阶级的哲学、社会政治学和自然科学愈来愈多地传入中国。朱德在体育学堂里见到了不少新报纸、新书籍,也接触了许多新思想、新事物。这给为寻求救国救民之道

■ 朱德在仪陇县高等小学堂任教时的住所

而来的朱德带来了希望。有一次,不知是谁把一本同盟会的机关报《民报》塞在他的枕头底下,他仔细阅读之后,又悄悄塞到另外一个同学的枕头下。他希望自己也能成为同盟会会员,但经多方探听,没有谁告诉他有关同盟会的情况,他感到很失望。这时,"推翻皇帝建立一个好国家"的思想已在他脑海里悄然产生了。

为了实现"教育救国"的理想,朱德从体育学堂毕业后,接受刘寿川的聘请,从成都回到仪陇,担任县高等小学堂的体育教师,兼管庶务和教务。

仪陇县高等小学堂坐落在金城山下,其前身是官办的金粟书院。1906年改为高等小学堂之后,把持学校事务的仍是那些代表保守势力的旧派人物。他们认为千百年形成的祖宗之法不能变,因此,学校教授的内容仍是四书、五经之类的旧学内容。朱德等人进入学堂后,接管了学堂的事务,也把新学带给这所小学堂。由于守旧势力的反对,虽经过努力,才招来12个学生。学堂里的教师和办事人员也只有刘寿川、田玉如、朱德、张四维、李绍沆5人。守旧分子就在学堂大门口贴出一首打油诗讥讽他们:"十二学生五教员,口尽义务心要钱;未知此事如何了,但看朱张刘李田。"他们还到处散布流言蜚语,千方百计攻击、诋毁朱德等人,说他们教的新学,有损国粹;说他们传授野蛮思想。还在知县面前诬告朱德教的体育课是让学生脱光衣服,有伤风化,有失体统。知县不分青红皂白,下令查封学堂。朱德和教师们联合社会上的进步人士据理力争,最后迫使知县收回成命。学堂的名声因此更响了,学生由开学时的12人增加到70多人。

学校的保守势力采取更加卑鄙的手段进行报复。他们雇佣流氓恶棍把粪汤倒在学校门口,甚至对学生大打出手。为对付这些流氓,朱德教学生学习武术,实行自卫,并把抓到的几个流氓送到了官府。

在仪陇县立高等小学堂一年的风风雨雨中,朱德倍尝了社会上守旧势力的压迫和排挤,从而使他看到了中国封建社会的腐朽与黑暗。同时,也增强了他与封建势力斗争到底的信心。他深切体会到,"教书不是一条生路"。他毅然辞去教师职务,投笔从戎,去探寻新的救国之路。

投笔从戎

共和国领袖故事

朱德在"教育救国"、"强身救国"的理想破灭后,萌发了"从军救国"的思想。他认为,自鸦片战争之后,帝国主义列强之所以敢于把各种不平等条约强加于中国,最重要的原因,是中国没有强大的军队。中华民族要想不受帝国主义的侵略,就得富国强兵。1909年春节刚过,他匆匆告别家人,南下云南,实现他从军救国的理想。

不久,朱德以优异成绩考入云南陆军讲武堂,开始了紧张的军事教育生活。

云南陆军讲武堂,坐落在昆明承华圃,东临翠湖,风景优美,恬雅寂静。这里原为明代练兵的旧址,清政府将其扩建为讲武堂。

云南讲武堂的军事教育和训练,要求非常严格。学员分为甲、乙、丙三个班。甲、乙班轮训下级军官,丙班面向社会招考学员。朱德在丙班学习。讲武堂的课程设学科和术科两类,是仿照日本士官学校的模式安排的。除军事学外,丙班的学生还要学习国文、地理、数学等。

朱德考取讲武堂,自信找到了一条拯救中华民族的道路,因而对军事产生了浓厚的兴趣。他以饱满的热情、刻苦的精神对待学习。课堂上,认真学习基本理论和基础知识;训练中,努力掌握每一个动作要领。由于他的刻苦好学,各科成绩名列前茅,术科特别出众。在军体方面,他过天桥、跳木马,表现特别勇敢,翻杠子,能

■ 云南陆军讲武堂

转大车轮。指挥队伍，喊口令，他声音洪亮，动作干净利索，气宇轩昂，博得教官和同学一致好评，荣登全校之冠。每当有外国领事到讲武堂参观，校总办李根源总是指定朱德和朱培德两人出来指挥，同学们羡慕地称他们"模范二朱"。

讲武堂的教员中，李根源、方声涛、赵康时、李烈钧、罗佩金、唐继尧、刘祖武、顾品珍、张开儒等，都是日本士官学校的毕业生。他们大多数人在日本学习期间，已参加了孙中山领导的同盟会，拥护

孙中山提出的"驱除鞑虏,恢复中华,创立民国,平均地权"的革命主张,怀有强烈的爱国热情和反清情绪。他们经常利用上课等各种机会,揭露帝国主义列强的侵华罪行,抨击清政府腐败卖国的丑恶行径,向学生们灌输革命思想,激发学生的爱国热情。在资产阶级民主思想的影响下,教官和学生的思想极为活跃。

朱德也深深受到这种情绪的感染,他约集范石生、杨如轩、唐淮源、李云鹄等人,以五华山名,成立了"五华社"小团体。他们以互助互励、拯救中华为宗旨,结拜金兰之交,立下"有福同享,有难同当"的誓言。

在第一学期即将结束时,一位同学找到朱德,问他:"你听说过同盟会吗?"

"听说过。"

"你愿意参加同盟会吗?"

"当然愿意。"朱德不假思索地回答。早在体育学堂读书时,他就寻求加入同盟会,没能实现愿望。这次,他歃血宣誓,如愿以偿,加入了同盟会。随后,他介绍"五华社"的其他成员也先后加入同盟会。

随着革命运动在全国各地迅猛发展,各种各样宣传鼓动革命的书刊应运而生,《民报》、《天讨》、《革命军》、《警世钟》、《猛回头》等,秘密传入云南。在讲武堂里,教官、学生争相传阅,朱德对这些书刊产生了极大的兴趣,如饥似渴地阅读,从中汲取智慧和力量。此时,他还结识了献身民主革命的蔡锷将军,经常到他那里去求教,借阅进步书刊。

当时,这些进步书刊都是清政府禁止阅读的。云南提学使(相当于教育厅长)叶尔恺,听说这些书刊流入云南,并在青年学生中流传,立即密报云贵总督李经羲。李经羲得知这些禁书在陆军讲武堂流行最盛时,心惊胆战,如坐针毡。他立即下令知府衙门,派出密探潜入讲武堂,日夜侦察,如发现传阅禁书者,立即缉拿归案。

一个星期天,校园里一改往日的喧闹,同学们有的走亲访友,有的外出游玩,只有朱德留在学校里。正好刚刚借到一本进步书籍,他要利用这个休息日读完,以便尽快传给其他同学。

早晨做完操,朱德就一头钻进教室,聚精会神地读起来。突然,一只手拍在他的肩上:"你是革命党,跟我走!"朱德一惊,猛然回头一看,原来是那个经常出没讲武堂的密探。于是,他神态自若地回答:"你认错人了,我不是革命党,我叫朱德,是丙班步科的。不信,你去问罗佩金教官和李根源督办。"

"你别跟我装糊涂,你不是革命党,一个人躲在这里干什么?"

"我在看书。"这时,朱德早已把书合起来,将书的正面扣在桌面上。密探把他的一举一动看在眼里,心想,今天总算抓到了革命党,可以回去报功领赏了。密探冷笑一声,说:"我知道你在看书,你看的是啥子书呀?实话告诉你,我早就盯上你了。今天,你跑不掉了!"说着,一把抓过那本书,幸灾乐祸地瞄了朱德一眼,把书翻过来一看,不由得愣住了,原来书的封皮上画的是"桃园三结义"。密探的脑子一下子变大了,心里直纳闷,莫非朱德会变戏法?

这时,朱德不慌不忙地说:"长官,我看《三国演义》看得着迷了,不晓得你进来,对不起了。"

密探歪着脑壳斜着眼,把那本书拿在手上,翻过来掉过去地看了又看,瞧了又瞧,心不在焉地应付着说:"好书!好书!"但不肯放手。

朱德笑着说:"你一定看过《三国演义》喽!"

"看过,看过,当然看过。关云长耍大刀,诸葛亮用计谋,是谁也比不了的。"其实,这个密探根本识不了几个字,哪里看过《三国演义》呀,关云长、诸葛亮这些名字都是看戏时听来的。

朱德趁机说:"你要看过,给我讲两段精彩的,也省得我再费功夫看了。"

密探立即推辞说:"今天,我公务在身,'三国'嘛,以后再讲。你还是自己看吧!"说着把书扔给朱德,灰溜溜地走了。

其实,朱德根本不会变戏法,他是把禁书外面罩上了个《三国演义》的书皮,这在兵书上叫作"偷梁换柱,李代桃僵"。从这以后,大家都用这个办法传阅禁书,以对付官府的密探。

辛亥革命建奇功

1910年8月,朱德从云南陆军讲武堂特别班毕业,被分配到蔡锷领导的新军第三十七协第七十四标(相当于团)第二营左队任司务长(相当于排长)。从此,开始了他长达60多年的戎马生涯。

这一年,全国革命形势日益高涨,武装斗争此起彼伏。为了争取新军,朱德受云南同盟会支部的派遣,利用职务之便,到新军中做士兵的政治思想工作。新军士兵大多是从云南、四川征调来的农民,被迫充当清政府镇压各地人民反抗斗争的工具,他们当中有许多人参加了哥老会。为便于工作,朱德找到他在步兵标当兵时结识的3位哥老会朋友。在他们的帮助下,他加入了哥老会。从此,朱德以哥老会会员的身份作掩护,经常出没于士兵中,向他们宣传同盟会的政纲,揭露清朝政府对外投降卖国,对内压迫人民的反动本质,鼓动他们起来推翻清朝,建立民国。就这样,朱德悄悄地在士兵中撒下了革命的种子。

这时,一个激动人心的消息传到云南。1911年10月10日,震动全国的武昌起义爆发了。革命党人一夜之间就占领了武昌,两天内就光复了汉阳和汉口。武昌起义的成功,鼓舞了全国各地的革命党人,他们闻风而动,纷纷举起了推翻清朝统治的旗帜。

云南的同盟会,加紧了武装起义的准备工作。10月19日,蔡锷同云南新军中的同盟会员罗佩金、唐继尧、刘存厚、雷飚四人密议，准备起义。经过多次商议，决定驻昆明的新军各部在10月30日（农历九月九日，又称重九）夜12时同时起义，由蔡锷任起义军临时总司令。起义的具体部署是：蔡锷率七十四标、炮十九标在巫家坝起兵，进南城攻打总督衙门等处；李根源、李鸿祥率七十三标在北校场起兵，进北城攻打军械局等处。

朱德接到起义的通知后，立即传达给他所联系的哥老会兄弟，要他们做好准备。他们在演习打靶时，趁机每个人留下了四五发子弹。10月30日，一件意外的事情发生了。这天晚上9点左右，昆明北校场的第七十三标士兵正在为起义做准备时，遇到北洋派值日队官查究，士兵们开枪打死了这几个军官，起义提前发动了。正在巫家坝布置起义的蔡锷听到北校场的枪声，立即下令第七十四标提前出发攻城，宣布云南起义。

在蔡锷的指挥下，起义军浩浩荡荡向省城进发。朱德所在的二营左队队官临阵脱逃，朱德被指定接替队官的职务。他带领士兵们冲在最前头，午夜12时，来到省城东南门。躲在总督衙门的云贵总督李经羲听到这个消息，吓得魂飞魄散，急忙命令把守城门的骑兵团阻击起义军。谁知这个骑兵团不但没有阻挡起义军，反而加入了起义的行列。黎明时分，所有城门全部为起义军所占领。这时城里成了一个纷乱不堪的世界，枪炮声大作，火光冲天。李经羲的士兵们乱了营，个个像无头的苍蝇东奔西撞。朱德带着部队风驰电掣般地直插总督衙门。由于他们同总督衙门的卫队营事先已秘密联络，朱德在卫队营中做过士兵的工作，当朱德率兵攻打总督衙门时，这些卫队很快就缴了械。朱德带领士兵迅速翻墙进去，打开大门，冲进了总督府。

总督李经羲一看大事不妙，连忙找出几件佣人的衣服，化装成苦力，逃出城门。第二天，朱德带部队进行搜捕，在四堆集一个姓肖的巡捕家里找到了他。后来，李经羲被蔡锷遣送出境。

接着，起义军又一举攻克了五华山和军械库重要据点，击毙第十九镇统制钟麟同。

不久，云南全省宣告光复，以蔡锷为首的大中华民国云南军都督府宣布成立。朱德在这次起义中，作战有功，贡献突出。起义胜利后，他率部担任昆明城的防务。

云南光复后，为援助四川革命党人，云南军政府决定遣师北上，派出两个梯团（相当于旅），共八个营支援四川起义军。11月15日，援川军从昆明出发，分两路北上入川。朱德在第二梯团任排长，率队向叙府（今宜宾）前进。他给士兵们规定了严明的纪律：第一，不准打骂百姓；第二，吃粮吃米要给钱。因此，部队受到沿途群众的热情欢迎。

12月上旬，援川军第二梯团到达叙府，首先与清军交火，打得清军溃败而逃。占领叙府后，迅速挥师北上，向自流井（今自贡）、富顺进军。这时，四川总督赵尔丰派了一个精锐巡防营驻守自流井。在四川保路同志会和云南援川革命军的强大威慑下，这个所谓的"精锐营"士气低落。他们与援川军一交手，便溃不成军。12月下旬，援川军占领自流井。朱德因作战机智勇敢，被升为连长。

不久，四川宣布独立。援川滇军返回云南。在昆明举行的援川庆功会上，朱德荣获"复兴"和"援川"两枚勋章。

朱德在回忆这段经历时，感到非常欣慰。1961年，在纪念辛亥革命50周年时，他写下了一首七言绝句：云南起义是重阳，下定决心援武昌。经过多时诸运动，功成一夜好开场。

护国名将

辛亥革命推翻了清政府的统治,结束了中国几千年的君主专制制度,创建了中华民国。后来,袁世凯窃取了革命的胜利果实,当上了中华民国临时大总统。不久,他不顾全国人民的反对,接受了日本帝国主义企图灭亡中国的"二十一条",并公然宣布恢复帝制,改中华民国为中华帝国,改用"洪宪"纪元。

袁世凯的倒行逆施,激起了全国人民的强烈反对,护国讨袁运动迅速掀起。正当滇军将领积极酝酿起兵讨袁时,1915年12月19日,蔡锷辗转从北京回到昆明。蔡锷在云南威望很高,他的到来,使云南的讨袁力量壮大了声威。25日,蔡锷、唐继尧、李烈钧等联名通电全国,宣告云南独立,组成护国军,讨伐袁世凯。护国军由三个军组成。第一军以蔡锷为总司令,出兵四川,进而北伐;李烈钧为第二军总司令,出兵广西,防堵广东龙济光部进攻滇南;唐继尧为云南都督兼第三军总司令,留守后方。

蔡锷刚到云南,就秘密派人给驻各地的滇军将领送去亲笔信,介绍了全国反袁斗争的形势,要他们做好准备,率部于25日与昆明同时起义,然后出师讨袁。

当时,朱德正带兵在中越边境一带剿匪平乱,得知即将出师护国讨袁的信息时,喜出望外。12月25日凌晨,朱德遵照蔡锷的嘱咐,如期率领部队举行讨袁誓师大会。战士们听说要起兵讨袁,群

情激奋，摩拳擦掌。朱德率领战士们庄严宣誓："同仇敌忾，齐心赴义。讨伐袁贼，为民除害。赴汤蹈火，誓不回顾。如违誓言，愿受极刑！"宣誓后，起义部队浩浩荡荡开赴昆明。朱德所部被编为护国军第一军第三梯团第六支队，朱德任支队长。1916年1月22日，朱德率第六支队从昆明出发，开赴护国讨袁前线。

■ 任护国军第一军第三支队长时的朱德

护国军讨袁的消息传到北京后，袁世凯大为震惊，立即下令组成"征滇临时军务处"，任命曹锟为川湘西路征滇军总司令，张敬尧为前敌总指挥，督率十几万大军向云南护国军扑来。

由于朱德指挥的部队纪律严明，战斗力强，一路深受群众欢迎，很快就打到了长江南岸。2月15日凌晨，朱德率第六支队到达永宁后，得知前方董鸿勋第三支队失利的消息。这时，接到蔡锷的急电，命令他日夜兼程，急速前进，赶往纳溪，接替董鸿勋第三支队队长之职。朱德率部经过两天急行军，兼程百余里，于17日赶到纳溪前线。这时，阵地上战斗仍在激烈进行，第三支队余部正在顽强地抵抗敌人的进攻。第三支队原是朱德在蒙自带出来的那支部队，战斗作风英勇顽强，尽管伤亡严重，战士们仍士气高昂地坚守着阵地。朱德的到来使战士们信心倍增。朱德首先调整好部队，然后向大家宣布战场纪律，随后便指挥队伍向敌人发起进攻，将敌军击退约两三里，把部队布防在棉花坡正面高地上，同据守红庙高地的北洋军形成对峙之势。

棉花坡是山冈中一个地理位置重要的山坡，地处纳溪城东，距城约5公里,是泸州通往纳溪大道的必经之地,也是兵家必争之地。

棉花坡上有座大宅院,人称陶家瓦屋。瓦屋背后的山坡上,有一片茂密的小树林。北洋兵以陶家瓦屋为依托,凭借险要的地势和坚固的工事,拼命死守。朱德指挥部队连连向敌人发起进攻。战斗最激烈时,蔡锷来到阵地。他指着前面的陶家瓦屋问朱德:"怎么样,能不能把它拿下来?"朱德毫不犹豫地回答:"没有攻不破的堡垒!"蔡锷赞许地点点头。

朱德决定出奇兵制胜。当天夜里,他组织了一支88人的敢死队,在夜幕的笼罩下,向敌人阵地隐蔽前进,队员们头顶铁锅,悄悄地摸到瓦屋下。拂晓,"轰"的一声巨响,敌人的防线被炸开了一个大口子。敢死队员一个个像出山的猛虎,飞一样地冲了上去。那些北洋兵完全没料到朱德这一手,一时不知所措,虽想拼命抵抗,但已被敢死队冲得乱作一团。结果敌人死伤惨重,不少人还没来得及抵抗就当了俘虏。朱德带领部队乘胜追击,直捣敌人指挥部。这一仗大获全胜,极大地鼓舞了全线护国军将士的斗志,也使朱德赢得了勇敢善战、忠贞不渝的声誉。在棉花坡战役的日夜苦战中,朱德始终与战士同餐共宿,并肩作战。他虽然每天只睡三四个小时,却浑身洋溢着充沛的精力。他的军队,为护国军大振军威。此后,北洋兵一听到朱德的名字,便心惊胆战。在当地老百姓中,也流传起"黄柜盖、廖毛瑟、金朱(德)支队惹不得"的佳话。

朱德支队因作战有功,受到总司令部的嘉奖,并获得首先进入泸州的殊荣。

■ 1916年秋,护国军攻克成都后朱德在成都留影

朱德在护国战争中,骁勇善战,战功卓著,成为远近驰名的滇军名将。在护国战争中的经历,为朱德后来成为中国人民解放军的卓越指挥员奠定了基础。正如他自己说的:"打大仗我还是在那时学出来的。我这个团长,指挥三四个团,一条战线,还是可以的。"

入党

1916年护国战争后,朱德的部队改编为第七师第十三旅第二十五团,先后驻扎在四川的泸州和南溪。

此后的一个时期,朱德从频繁的战事中暂时解脱出来,有了足够的时间冷静地思考过去几年的经历。自从参加辛亥云南起义后,他又先后参加过护国讨袁战争和护法战争。但奋斗的结果使他感到失望,曾经支持过革命的人民大众的处境丝毫没有改善,仍然挣扎在水深火热之中,倍受煎熬。革命并未成功,资产阶级共和国的梦幻在朱德的心里破灭了,他为找不到救国救民的新道路而陷入极度的迷惘和苦闷之中。此间,他写下了几十首诗,真切地反映出他当时的心态。他还广泛地阅读史籍,试图从历代的兴衰更替中寻求历史的借鉴。

正当他苦闷、彷徨时,"十月革命一声炮响,给我们送来了马克思列宁主义"。接着,1919年北京爆发了震动全国的"五四"爱国运动。无产阶级以崭新的面貌登上政治舞台,运动蓬勃发展,势如破竹,给寻找革命出路的朱德带来了新的希望。

五四运动的发展,大量传播新思想、新文化的书刊传入泸州。朱德从这些书刊中接触到马克思主义、无政府主义等各种思潮,大大开阔了眼界。就在这时,他结识了孙炳文,这位对改变他的人生道路起了重要作用的战友。两人朝夕相处,一起研究《新青年》、

共和国领袖故事

■ 1918年，朱德（左）和孙炳文在四川泸州合影

《每周评论》《新潮》等传播新思潮的刊物,共同探讨救国救民的道路。经过反复思索,他们得出结论,用旧的军事斗争的方法不能解决中国的现实问题,必须找到一条新的道路。所以,他们决定到欧洲去考察,寻求救国的答案。1920年4月,孙炳文举家迁往北京。临行前,朱德与他商定,待处理完军中事务,就去北京找他。

1922年6月,朱德辞去官职,放弃高薪,拒绝四川军阀杨森要他当师长的邀请,毅然沿江东下。

他先到了上海,再乘火车前往北京,会见阔别两年的好友孙炳文。在孙炳文的陪同下,他游览了北京。这时,孙炳文告诉朱德,他的朋友李大钊和陈独秀组织了中国共产党,这个组织的纲领就是要反对帝国主义列强,解放劳苦大众,建立无产阶级专政。从此,朱德下定决心要找到这个党,并成为她的一名成员。

不久,朱德和孙炳文启程前往上海,去找正在那里的中国共产党负责人陈独秀。

他们到达上海后,得知仰慕已久的孙中山先生也在上海,便去拜见了孙中山。这时,由于广东军阀陈炯明的叛乱,孙中山被迫离开广州。他正在上海筹划如何返回广州,重建共和政府。孙中山提出,要朱德回到已移驻广西的滇军中去,组织滇军到广东攻打陈炯明,并答应先付军饷10万元。由于朱德出国学习的决心已定,只得婉言谢绝了。

几天后,一个晴朗的早晨,朱德踏着晨曦,满怀希望,轻轻敲响了坐落在闸北区的一间简陋小屋的木门,迎接他的是他景仰已久的中共中央执行委员会委员长陈独秀。他首先向陈独秀讲起了自己的经历,陈独秀认真地听着,还不时地打断他,插问一两句话。当他得知眼前这位"军阀"想加入中国共产党时,双眉蹙在了一起,沉思了一会儿,说:"要参加共产党,必须要以工人阶级的事业为自己的事业,并且准备为它献出生命","这需要长时间的学习和真诚的申请"。

陈独秀的话,实际上是婉言谢绝了朱德入党的要求。他默默

共和国领袖故事

■ 1922年11月朱德在柏林留影

起身告辞，走出那狭窄的过道，来到宽敞的大街上。当他抬头仰望广阔无垠的天空时，他心中那种对革命的向往比以往任何时候都强烈。他拿定主意，到德国去，到马克思的故乡去，去寻找党，寻找革命真理。

1922年9月初，年已36岁的朱德，登上法国邮轮"安吉尔斯"号前往德国。邮轮缓缓驶离上海吴淞口，向烟波浩渺的大洋驶去。

轮船在无边无际的大海里日夜航行着。它穿越南洋群岛，横渡孟加拉湾，驶向阿拉伯海……经过40多天航行，停靠在法国的马赛港。当天，朱德他们就换乘火车到了巴黎。

在巴黎停留期间，朱德和孙炳文寄居在一位中国商人家中。这位商人已在海外漂泊多年，仍然眷恋着故土。一有空，就请朱德介绍国内的情况。有时，他也把在法国的见闻讲给朱德他们听。一天，朱德从这位商人口中得知，一些留法的中国学生组织了一个叫共产党的团体，正在宣传鼓动革命，这个团体的组织者叫周恩来。这位商人还告诉他们，周恩来已经离开法国，去了德国柏林，并把周恩来在柏林的地址写给他们。

这一意外的消息，使朱德喜出望外。他和孙炳文决定，立即乘火车赶往柏林。

这时，担任旅欧中国少年共产党中央执委会宣传委员的周恩来，正在柏林考察德国劳工运动，但他的主要工作是在留德中国学生中建立和发展共产党组织。他住在柏林近郊瓦尔姆村皇家林阴路的一幢公寓里。

这天，朱德、孙炳文来到周恩来的住处，轻轻叩开了房门，一位中等身材、面目清秀的年轻人出现在他们面前。当得知面前这位比自己小10来岁的年轻人就是周恩来时，朱德真有点不敢相信。

朱德首先作了自我介绍，然后指着孙炳文说："他叫孙炳文，我俩是同乡、同志，一起来欧洲学习的。"

简单说明来意后，谈话转入正题。朱德用浓重的四川口音讲述了自己走过的道路和追求革命的经历：他是如何弃教从军，参加

辛亥革命、护国战争、护法战争;又如何离开云南,到上海会见孙中山、陈独秀;为了寻求拯救中国的道路而来到欧洲,并恳切地表达了他加入中国共产党的迫切愿望。

周恩来细心倾听着朱德的谈话,并不停地在小本子上作着记录。他被朱德不同寻常的经历和执著的追求精神所感动。了解了他们的全部情况后,周恩来当即表示要帮助他们早日加入中国共产党组织。

这年11月,经中共旅欧组织负责人张申府、周恩来介绍,朱德加入了中国共产党,实现了他梦寐以求的宿愿。

设宴制敌

1927年4月12日,蒋介石公开叛变革命,疯狂地屠杀共产党人和革命群众。6月间,江西国民党当局也公开"礼送"共产党人出境。由于朱德与江西省主席朱培德是云南讲武堂的同学和滇军的同事,没有被"礼送"出境,而是离开南昌,外出暂避。

在中国革命的危急关头,中国共产党确定了武装反抗国民党的方针,决定在南昌举行武装暴动,组成了以周恩来为书记的前敌委员会。前委经过反复研究,决定交给朱德一项艰巨的任务,就是利用他的特殊身份和威望,在起义开始时想办法牵制住敌人的指挥官。朱德爽快地接受了任务,并于7月21日秘密返回南昌。

7月31日,起义的前一天上午,朱德亲自到南昌一家著名饭店的佳宾楼,订了几桌酒席,准备设宴"款待"南昌驻军的军官。勤务兵把请帖一一送到军官们的家中。下午5点多钟,除了因病因事未能赴宴的几个团长外,第二十三团团长卢泽明,第二十四团团长萧大胡子、副团长蒋文光及朱培德的两位高参陆续前来赴宴。

席间,觥筹交错,猜拳拼酒,很是热闹。待朱德将一切安排妥当后,来到宴会厅,军官们已是酒足饭饱,正围在一起打麻将。他们看到朱德进来,纷纷站起身来。

"非常抱歉,公务在身,冷落各位了。"朱德边抱拳寒暄,边用敏锐的目光扫视了一下四周,然后问道:"六十九团的刘安华团长怎

共和国领袖故事

■ 1927年"八一"南昌起义前夕朱德在南昌的住所——花园角2号

么没到?""刘团长外出有事,由营长王培根代表。"话音刚落,只听"啪"的一声,站在桌旁的一个人立刻脚跟一磕,打了个敬礼,恭敬地说:"我就是王培根,请总参议入座。"说着,将自己的座位让出。朱德坐下,朝各位军官挥挥手,说:"大家难得聚在一起,今晚咱们要玩个痛快。"说完,便和同桌的几位打起麻将来。

王培根站在朱德身边,生怕错过献媚的好机会,搭讪道:"总参议今天手气一定不错。"

朱德听了,哈哈一笑,说:"你瞧着,我今晚非要和个满贯不可!"

客厅里又喧闹起来。萧大胡子朝对面的卢团长说:"这些日子,你们可够辛苦的啊!"

"哪里哪里,谈不上辛苦。要说共产党也好对付。"卢泽明掏出手帕边擦汗边说道,"前些天,我们活埋了那么多共产党,听说陈独秀反倒命令共产党要对咱们朱总保持中立,你听了舒服不舒服?"说着,"嘎嘎"地大笑起来。

萧大胡子又说:"这往后宁汉携手,精诚合作,共产党没有空子钻,能不老实么?"

在另一张牌桌上的朱德听了这番对话,眉宇间闪过一丝冷笑,探过身去说道:"你们不要忘记,共产党里人才济济,可不都像陈独秀那样书生气……"

不知不觉,四圈麻将快打完了,夜宵端了上来。突然,门外进来一个人,慌慌张张地走到萧大胡子跟前嘀咕了几句。萧大胡子立刻推开椅子,起身说道:"诸位,刚刚接到报告,指挥部晚上9点紧急通知,明晨4点共产党暴动,要各部立即采取措施,严加防范。"

喧闹的客厅顿时鸦雀无声,军官们个个紧张起来。

朱德暗吃一惊:是谁走漏了风声?他装出若无其事的样子,说道:"如今各种流言蜚语多了,各位不必介意。我派人查查就是了,还是接着玩吧。"

这时,一个年长些的军官站起身来说:"这也许是谣言,不过还是小心点儿为好。"说着起身要走,在座的军官们也都慌忙起身,推倒桌上的麻将牌,开始离席。

这时,正好有人来找朱德,他连忙对正在穿衣、挎枪、整理服装的军官们拱拱手说:"抱歉,我去去就来。"原来是起义军总指挥部的人来送文件。朱德立刻打开文件,"山河统一"四个大字映入眼帘。他知道,这是今晚的口令。面对文件,朱德沉思片刻,然后转身返回客厅,对正要离席的军官们说道:"诸位稍候,有件紧急的事要跟大家说。"朱德见军官们留住步,愕然地望着自己,便晃了晃手中的文件,说:"我刚刚接到朱培德总指挥的一封信,信中说——请大家安静些——我们五路军在庐山开会的长官们,今天不幸被蒋介石派兵包围起来,情况可能有变。"听到这个消息,敌军官个个目瞪口呆,一阵沉默过后接着一片骂娘声。

朱德扬了扬手,示意大家安静。接着说:"朱总指挥命令'驻南昌的所有部队,临时由朱德统一指挥'。你们回去后,要向弟兄们

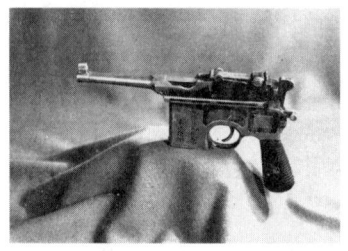
■ 朱德在南昌起义时用过的驳壳枪

传达,有事一定要听从指挥,不可轻举妄动。如果你们谁在南昌擅自动刀、动枪,给庐山上的朱总带来麻烦,可别怪我朱德不客气。"

敌军官告辞了。朱德看看手表,已近午夜。他立即向起义总指挥部——江西大旅社赶去。

朱德用设宴的方法拖住了敌人,为起义争得了时间。

8月1日凌晨2时整,"叭!叭!"几声清脆的枪响,子弹拖着长长的红尾巴划破寂静的夜空。南昌起义开始了!顿时枪声、炮声大作,响彻全城。起义军战士们,呼喊着从四面八方向敌人驻地发起了进攻。

经过4小时激战,南昌起义取得胜利。参加起义的战士们沉浸在胜利的喜悦中。起义后,朱德被任命为第九军军长。

"要革命的，跟我走"

南昌起义的胜利，引起了国民党反动派的极大恐慌。蒋介石、汪精卫急忙下令通缉起义领导人，并从南京、武汉和广州调集大批军队向南昌扑来。

在这紧急时刻，前敌委员会决定迅速撤出四面受敌的南昌，撤退途中又决定南下广东，重建革命根据地，准备再次北伐。

起义军南下途中，在广东大埔县的三河坝实行分兵。起义军的大部向潮汕进发，朱德率领第十一军第二十五师和第九军教导团留守三河坝，随时准备阻击从梅县方向来的敌人，掩护大部队转移。

在三河坝，朱德指挥部队与敌人激战三昼夜，伤亡惨重。为了保存有生力量，朱德决定撤出战斗，继续南下，靠近主力部队。当他们走到饶平的茂芝镇，恰巧遇到了第二十军教导团参谋长周邦采和第二十军第三师六团六连连长杨至诚以及毛泽覃、粟裕等带领的从潮安退下来的起义军官兵。从他们那里，朱德得知起义军主力完全失利。

这时，南昌起义时浩浩荡荡的2万多人，除撤到海陆丰的一部分外，再加上朱德率领的这支部队，总共只有2 000多人。他们失去了与前敌委员会的联系，又受到云集于潮汕和三河坝地区的5个多师约4万敌军的搜捕，处境万分险恶。面对这种严峻形势，部

共和国领袖故事

队士气低落,人心涣散。

在千钧一发的危急关头,朱德挺身而出,立即在茂芝镇的全德学校召集干部会议,讨论部队的去向问题。他分析了当时的形势,提出只有到敌人力量薄弱而农民运动基础好的湘赣边界打游击,找落脚点,才能重新发展壮大的主张。经耐心地征求大家的意见,最后作出"隐蔽北上,穿山西进,直奔湘南"的决策。

朱德带领这支南昌起义保存下来的革命武装,从饶平出发,翻越闽粤交界的柏嵩关,进入了福建的平和、永定、上杭,然后经武平,过武夷山,插入江西。

■ 天心圩全景

10月下旬,起义军来到江西安远县的天心圩。

这时,部队仍未摆脱敌人的包围,孤立无援;官兵饥寒交迫,疾病流行;同党组织仍然没有取得联系,部队思想十分混乱。许多战士,甚至有的团长、师长等经不起考验。部队每天都在减员,有的人还散布失败情绪,要求解散部队。在这种情况下,部队有顷刻瓦解之势,革命火种有立即熄灭的危险。

在这危难关头,朱德当机立断,在天心圩整顿部队。

一天傍晚,突然传来命令:全体官兵到河坝子里集合。不一会儿,河滩上就挤满了人,大家三三两两地议论着,不知发生了什么事。

这时,一位身穿旧军装,背着一顶斗笠,脚穿一双破旧草鞋,身材魁伟的军人大步走到队前。他,就是朱德军长。只见他脸颊瘦削,胡子老长,双眼却炯炯有神。朱德用锐利的目光扫视一下四周,然后招招手,示意大家坐拢一些。大家坐定后,他清了清喉咙,悲怆而又激愤地说:"同志们,大家知道,大革命是失败了,我们的起义军也失败了!但是,革命的旗帜不能丢,武装斗争的道路要走下去,我们还是要革命的。同志们,要革命的跟我走;不革命的可以回家!绝不勉强!但是,武器必须留下,那是战友们用鲜血和生命换来的。"讲到这里,他停顿了一下,用眼睛扫视一下四周,期待着大家的回答。

整个坝子静悄悄的,只有晚风吹拂着竹林沙沙作响,河水哗哗流淌……大家都在低头沉思着。

朱德提高了声音接着说:"我希望大家不要走。我是不走的,陈毅、王尔琢也是不走的。就是剩下我一个人,也要革命到底!"他慷慨激昂,声调越来越高:"大家要把革命的前途看清楚。1927年的中国革命,好比1905年的俄国革命。俄国在1905年革命失败后,是黑暗的,但黑暗是暂时的。到了1917年,革命终于成功了。中国革命现在失败了,也是黑暗的,但黑暗也是暂时的。中国也会有个'1917年'的。只要保存实力,革命就有办法。你们应该相信

这一点……"

这时,陈毅首先站出来,支持朱德。他说:"南昌起义失败了,但不等于中国革命的失败。中国革命终究是会成功的。一个真正的革命者,不仅经得起胜利的考验,能做胜利的英雄,也要经得起失败的考验,能做失败的英雄。我愿竭尽全力辅助朱军长,把我们这支队伍带出绝境,革命到底。"

朱德和陈毅的话,像一声声惊雷,在人群中爆炸,沉闷了许久的起义军官兵立刻活跃起来,大家有的窃窃私语,有的大声发问:

"那我们下一步该怎么办呀?"

"打游击啊!"朱德向着发问的方向看了一眼,斩钉截铁地回答。

■ 朱德题写碑名的八一起义军三河坝战役烈士纪念碑

"这一带,大革命时期农民运动基础好。我们跟当地的农民运动结合起来,找个地方站住脚,然后才能伸展开来。"

"反动派天天跟在我们屁股后面追,能站住脚吗?"又有人发问。

"他们总有一天会不追的。那些军阀们是协调不起来的。等他们自己打起来,就顾不上追我们了。我们就可以发展了。"

"有枪没有子弹怎么办?"

"没有饭吃怎么办?"

"伤员怎么办?"

……

大家不断地提问,朱德耐心地作着回答。不知不觉,会一直开了一个多小时。朱德精辟的分析令人信服。大家仿佛在黑暗中看到了光明,信心倍增。

"我跟朱军长走!"人群中爆发出一个洪亮的声音。

接着,"跟朱军长走!""跟朱军长革命到底!"的呼喊声响彻山谷。

智取宜章

1928年初，蒋介石得知南昌起义军余部正隐蔽在范石生的十六军中，非常恼火。立即命令范石生，解除起义军武装，逮捕朱德。范石生接到蒋介石密电后，派人前往起义军驻扎的犁铺头，劝朱德马上离开。朱德当机立断，率领起义军撤出犁铺头，辗转北上，越过大瑶山，进入湖南，实现他酝酿已久的湘南暴动。

湘南是大革命时期农民运动最蓬勃发展的地区，也是蒋介石叛变后白色恐怖最为严重的地区。就是在极端残酷的血腥镇压之下，湘南人民的斗争一刻也没有停止过。这里群众基础好，为湘南暴动提供了有利条件。

新年过后没几天，朱德率领部队来到粤北山区的小镇杨家寨子。从这里翻过一座大山，就可以到达湘南。镇上的300多户人家都姓杨，杨家寨子因此而得名。

这天，在杨家祠堂里，朱德、陈毅、王尔琢、蔡协民、胡少海正围坐在一盆炭火旁，听取宜章县委书记胡世俭汇报敌情：宜章城内没有正规军队，只驻有邝镜明的民团四五百人，与外面没有联系。

听完胡世俭的汇报，朱德对大家说："大家谈谈吧，看湘南暴动这把火，怎样从宜章点起来？"

屋里静悄悄的，大家不约而同地把目光投向胡少海，期待着他的发言。

胡少海,又名胡鳌,出身宜章富户,兄弟六人,排行老五,人称"五少爷"。他虽出身豪门,但从上小学读书时就受到了进步思想影响,毅然背叛家庭,投身于民主革命,在东征军程潜部当过营长。"四一二"政变后,蒋介石公开向共产党人和革命群众举起了屠刀,胡少海受到怀疑,便带领一部分湖南籍的士兵离开部队,躲到杨家寨子,以贩马生意为掩护,带领一支农民武装,打富济贫,秘密进行革命活动。胡少海后来与宜章县委取得联系,开始在党的领导下开展武装斗争。

胡少海沉思了一会儿,站起来说:"报告军长!少海生在宜章,长在宜章,对宜章了如指掌。四五百人的民团不堪一击。请军长给我两个连,冲进城去,保证杀他个片甲不留!"

在座的人都对胡少海这种主动请缨,敢打头阵的精神十分钦佩,纷纷投去赞许的目光。

朱德对这个意见未置可否,而是循循善诱地说:"孙子曰:'兵者,国之大事,死生之地,存亡之道,不可不察也。'打仗既要有勇,更要有谋。同敌人不仅要斗勇,还要斗智,要以小的代价,换取大的胜利。湘南暴动的第一仗,只能打好,请大家讲讲自己的看法吧。"

"宜章是座石头城,宜守难攻。硬攻,伤亡大;久攻不下,敌人就会援救。关键是迅速解决战斗,拿下宜章。"朱德语音刚落,大家就七嘴八舌地议论开了。

"最好来个'引蛇出洞',用小部队把敌人引出来,然后消灭它。"

"急速行军,兵临城下,把宜章围个水泄不通,令其限期投降。"

"组织一支小分队,扮成赶墟的群众,混进城去,来他个里应外合,将敌人一网打尽!"

大家献计献策,议论纷纷。正在踱来踱去的朱德听到这里,突然止步,环顾大家说:"同志们,宜章没有正规军驻防,四五百人的民团都是乌合之众,'杀鸡焉用宰牛刀',依我看来,不必强攻,可以智取。"

大家听到这里,都用惊奇的目光望着朱德。朱德不慌不忙地扳着手指讲了四个有利条件:"一是军阀正在湘北酣战,湘南敌人力量比较薄弱;二是正值年关,地主、豪绅逼租逼债,贫苦农民与他们之间矛盾更加尖锐;三是我们部队经过补充、休整,战斗力大大增强了;四是胡少海同志没有公开参加过本乡本土的斗争,革命身份尚未暴露……"

"要得!军长说的不必强攻,可以智取,这个办法要得!"不等朱德说完,陈毅就站起来,拍手叫好。然后走到胡少海身旁,拍拍他的肩膀,风趣地说:

"这一回,是要借重你'五少爷'的大名和胆略了,可不是让你去冲锋陷阵。"

"对头,还是陈毅同志深知我意。我们这出戏的名字就叫'智取宜章',请少海同志来唱主角喽!"

胡少海站起身来,当即表示:"就是赴汤蹈火,也在所不辞!"

一个智取宜章的方案就这样定了下来。

几天后,一封盖有第一四〇团关防的公函送进宜章县衙门。大豪绅的儿子胡少海当了国民党第十六军团副的消息不胫而走。县长杨孝斌和县里有头有脸的人物都聚集在县议会大厅里,商议着如何迎接即将入城的"国民革命军"。

1月11日凌晨,胡少海以第一四〇团团副的名义,带着两连经过挑选的人马,直奔宜章。杨孝斌等早已恭候在南门外,迎接胡团副"荣归故里"。胡少海入城后,当即布告全城:"本团奉国民革命军第十六军范军长之命,进驻宜章,扼守城池……"同时,换下了团防局的哨兵,把宜章城的交通要道全部掌握在自己手中。然后,给朱德送去一封密信,告之一切顺利,可按原计划进行。

第二天正午过后,朱德带领部队,在一片欢呼声中浩浩荡荡开进宜章城。

原计划以宴请宜章各界为名,将贪官污吏和土豪劣绅一网打尽。杨孝斌不同意反主为客,执意由他做东为各位老总接风洗尘,朱德说:"那也好,我们就来个顺水推舟,借水行船吧!"

晚上,县议会的明伦堂里,灯火通明,席间觥筹交错,好不热闹。酒过三巡,新上任不久的县太爷杨孝斌正举着酒杯挨个儿为各位敬酒。这时,"鱼,来啦——!"一声长叫在大厅里响起。接着,进来一位跑堂的,头包蓝布,左手托着一个红木托盘,托盘里一条一尺来长的鲤鱼放在一个大银盘上。这是行动的信号。

朱德突然站起,举杯掷地。门外闯入十多个战士,把宴席团团围住,那帮贪官污吏、土豪劣绅一看这阵势,吓得魂不附体。这时,朱德大声宣布:"我们是中国工农革命军。你们这些贪官污吏、土豪劣绅,作威作福,横行乡里,反对革命,屠杀工农,十恶不赦,是劳苦大众的罪人。现在把他们统统抓起来,听候公审!"

几乎在同一时间,陈毅、王尔琢率部以迅雷不及掩耳之势,一举解决了团防局和警察局,俘虏了400多人,缴枪300多支。

起义军不费一枪一弹,智取宜章,揭开了湘南暴动的序幕。

会师井冈山

共和国领袖故事

1928年春,工农起义的烈火燃遍了湘南大地,有7个县相继建立了苏维埃政府,并成立了湘南苏维埃政府。但是,这一片大好形势很快被湖南省委"左"倾盲动主义错误所断送。他们乱烧乱杀,使一部分群众产生恐惧心理,远离了革命。这时,为了消灭湘南起义部队,湘、粤军阀根据南京国民党政府的命令,纠集了7个师的兵力,从南、北、西三个方向扑向湘南。

在这严峻的形势下,为了保存革命力量,朱德毅然决定撤出湘南,向井冈山转移,同毛泽东率领的秋收起义部队会合,实现武装割据。

早在1927年10月,朱德带领南昌起义军到达信丰时,赣南特委就派人来接头,说到毛委员率领秋收起义部队开始上井冈山的消息。当时,朱德听了,非常兴奋。后来,在江西转战时,朱德派了原在第二十五军政治部工作的毛泽覃(毛泽东的胞弟)到井冈山同毛泽东联系。毛泽覃化名覃泽,装扮成十六军的副官,日夜兼程,巧妙地通过了敌人的岗哨,在宁冈茅坪见到了毛泽东。他向毛泽东详细介绍了南昌起义军南下失败后,在朱德率领下转战赣南的情况,并说明了他此行的目的。毛泽东同意毛泽覃留在井冈山工作,并决定派专人同朱德联系,欢迎两支起义军联合起来。11月上旬,南昌起义军余部在江西崇义上堡与来自井冈山的张子清、伍中豪率领的秋收起义部队的第三营会合。张子清、伍中豪向朱德介绍了毛泽东领导的秋收起义部队和在井冈山建立革命根据地的情况。不久,毛泽东派何长工下山,与湖南省委、湘南特委联系,寻找南昌起义军余部,几经周折,在广东韶关的犁铺头找到了朱德。朱德详细询问了井冈山的地形、群众基础和物产情况后,非常满意。临别时,朱德说:"今后,我们这两支部队要经常联系,将来要集中在一起,力量就更大了!"

1928年3月上旬,朱德和陈毅分别率领工农革命军和湘南农军共1万多人,开始向井冈山进军。

这时,湘南特委将毛泽东为书记的前敌委员会撤销,另成立师委,以何挺颖为书记,毛泽东改任师长。为了掩护工农革命军顺利开往井冈山,毛泽东决定兵分两路向湘南进发,迎接朱德、陈毅上山。一路由他和何挺颖、张子清率领工农革命军第一师第一团,从江西宁冈的砻市出发,楔入桂东、汝城之间牵制敌人;另一路由何长工、袁文才、王佐率领第二团,向彭公庙、资兴方向前进,阻挡北犯的敌人,使之不得逼近朱德的总指挥部所在地郴

■ 1928年4月28日,朱、毛井冈山会师

州。毛泽东还派毛泽覃带着一个特务连赶赴郴州,同朱德、陈毅联络。

在毛泽东亲自指挥部队接应下,朱德等率领工农革命军突破敌人一道道封锁,很快经耒阳、安仁到达酃县的沔渡。

毛泽东得知湘南起义军正向湘赣边界转移的消息后,便于4月6日离开桂东沙田,向汝城进发,以牵制敌人,掩护湘南起义军转移,随即攻占汝城。4月中旬,在资兴县的龙溪洞同萧克率领的宜章独立营会合。同时,陈毅率领的工农革命军主力一部和湘南农军第三师、第七师以及何长工、袁文才、王佐率领的第二团到达酃县的沔渡,与朱德率领的主力部队会合。接着,朱德、陈毅率领直属部队直奔井冈山下的宁冈砻市。

两军会师的这一天终于来到了。

4月下旬的一天,天气晴朗,万里无云。温暖的阳光照耀着群山环抱的砻市。清澈的龙江水穿市而过,坐落于江畔的龙江书院古色古香,金碧辉煌。这一天,毛泽东率领三十一团返回砻市。当他听说朱德已经到达砻市,并住在龙江书院时,便不顾一路征尘,立即赶到龙江书院去见朱德。这时,朱德和陈毅也已在龙江书院门口等候。当朱德远远看见毛泽东走来时,连忙迎上前去。毛泽东也加快了脚步,早早把手伸出来,不一会,两双有力的大手紧紧地握在一起。从此,"朱毛"就连在一起,让敌人听了胆战心惊,人民听了欢欣鼓舞。

第二天,在龙江书院的文星阁召开了两支部队的连以上干部会议。会议讨论通过了中国工农革命军第四军成立及人事安排等一系列问题,并决定在纪念"五四"运动九周年时,召开群众大会,庆祝两军胜利会师。接着,中国共产党工农革命军第四军第一次代表大会也召开了。会上,选举产生了第四军军委,由毛泽东、朱德、陈毅等23人组成,毛泽东当选为书记。

5月4日这一天,砻市的大街小巷充满了喜庆气氛。天刚亮,人们就从四面八方涌来,参加在这里召开的军民庆祝会师大会。

■ 朱、毛会见地点——井冈山砻市龙江书院文星阁

在龙江边的沙洲上，一个用几十只木桶和门板搭起的主席台上，用竹竿和席子撑起了凉棚。主席台两边的彩旗和标语迎风飘舞，标语上写着"庆祝两支革命队伍胜利会师"、"打倒国民党反动派"。战士们排着整齐的队伍来了，农民群众扛着梭镖，举着小旗来了。人们兴高采烈，欢声笑语汇成了欢乐的海洋。

上午10时左右，陈毅宣布大会开始，顿时鼓乐齐鸣，锣鼓喧天。几十名司号员一齐吹响军号，雄壮嘹亮的军号声在巍峨的井冈山群峰之间萦绕回荡。

军号吹毕，大会执行主席陈毅郑重宣布：两军会合后，改编为中国工农革命军第四军，军长朱德，党代表毛泽东……广场上立刻沸腾起来，人们欢呼着、跳跃着，雷鸣般的掌声经久不息。

接着，朱德讲话。他说："我们党领导的两支革命武装在这里会合，意味着中国革命的新起点。参加这次大会的同志们一定都很高兴，可是敌人却在那里难过。那么，就让敌人难过去吧。我们不能照顾他们的情绪，将来我们还要消灭他们呢。这次胜利会师，我们的力量大了，又有了井冈山作根据地，我们就可以不断地打击敌人，不断地发展革命。"最后，他希望两支部队会师后，加强团结，

提高战斗力。他还向群众保证,工农革命军一定要保卫红色根据地,保护广大群众的利益。他话音刚落,人群中又响起热烈的掌声。

接着,毛泽东讲话。他指出了这次会师的重大历史意义,同时分析了会师后的光明前途。毛泽东还代表军委宣布了第四军的"三大任务"和"三大纪律、六项注意"。

不久,根据中共中央指示,中国工农革命军第四军改称中国工农红军第四军,简称红四军。

井冈山会师,使毛泽东、朱德分别领导的两支革命队伍聚集在一起,创建了中国工农红军,大大增强了井冈山革命根据地的军事力量,开创了井冈山的全盛时期,对红军的建设和革命根据地的发展具有重大的历史意义。

为了纪念这次具有伟大历史意义的会师,1961年,朱德写下了不朽的诗篇:

红军荟萃井冈山,
主力形成在此间。
领导有方经百炼,
人民专政靠兵权。

老"医官"

1928年6月,红军取得七溪岭战斗胜利后,朱德指挥部队撤离战场时,发现红29团有个战士负了伤,走路一瘸一拐的。他立刻走到战士跟前,关切地问:"伤着哪里啦?伤势重不重?"

这个战士一看是朱军长,心里非常激动,赶忙说:"军长,没关系,就是腿上擦破了一点皮。"

朱德扶着这个战士坐在一块石板上,嘴里说着:"让我看看",便蹲下身子仔细查看战士的伤情。这个战士的伤口还没有包扎,鲜血仍在继续往下流,朱德看着这血迹未干的伤口,十分心痛,脸上显出痛苦的表情。负伤的战士见朱军长为自己的伤难过,连声说:"军长,我这伤不要紧,真的不要紧。"

朱德认真而又和蔼地说:"虽然没伤着骨头,但伤势也不算轻,现在天气热,不及时包扎治疗,就可能引起伤口发炎,马虎不得呀!"朱德想了想又说:"你先在这里休息一会儿,我去找点草药来。"

当时,部队的医疗条件很差,红军治病常用草药。朱德在一个山坡上,弯下腰,边走边看,不时摘下一两片叶子闻一闻,或拔下几棵小草放到嘴里嚼一嚼。朱德指挥七溪岭战斗,整整一天一夜没有合眼。现在为了医治战士的伤,他不顾疲劳和饥饿,在山坡上来回奔忙着。

过了一会儿,朱德手里拿着一把草药回到负伤的战士身边。他先把草药放在嘴里嚼烂,然后仔细地敷在战士的伤口上。这个战士很坚强,在敌人的子弹穿过自己的身体时,没有掉过一滴眼泪。可是,在慈祥的军长面前,却止不住流下了激动的泪水。他紧紧地拉着军长长满老茧的大手,半天说不出一句话。过了一会儿,战士哽咽地说:"您又当军长,又当'医官',当军长您带领战士打胜仗,当'医官'为战士医治伤病,整日整夜地为我们大家操劳,您真是我们的贴心人哪!"

朱德忙用爱抚的口气说:"我们革命队伍里的同志都是阶级兄弟嘛,应该相互关心。"

包扎好伤口,朱德又吩咐警卫员和通讯员找来一副担架,抬着受伤的战士走。躺在担架上,负伤的战士望着朱军长的身影,默默地发誓:等伤好了,一定跟着朱军长和毛委员多打胜仗。

朱德这个"医官"不仅为伤病的战士治病,他还热心地为老百姓治伤病。

当年参加过井冈山暴动的老乡谢槐福,常常指着自己脚上一块早已痊愈的伤痕,动情地对乡亲们讲述当年朱军长亲自为他治伤的情景。

1928年秋天,朱德带领100多名刚刚参军的赤卫队员,离开井冈山地区的茅坪,到步云山进行军事训练。当时,朱德和红军战士住在谢槐福家里。

一天,房东谢槐福早早起来,扛起锄头到茶山林去锄草培土。干活时一不留神,锄头落到右脚背上,砍破了一道半指深的口子,鲜血直流。他强忍着疼痛,在田旁弄了几根止血止痛的白艾根,一瘸一拐地走回家。到家后,坐在门前的石阶上,正要把撕碎的白艾根敷在伤口上,这时,朱德从屋里走出来,看见了受伤的谢槐福,关切地问:"老谢,你的脚怎么了?"谢槐福见是朱军长,回答说:"没有啥,刚才上茶山干活儿,一不小心碰破了脚背。"

朱德走到谢槐福跟前,弯下腰,仔细地看了看伤口,见谢槐福

■ 红军步云山练兵场旧址

要把撕碎的艾根敷在伤口上，连忙说："等一下，这样敷上去容易化脓。"他走进屋里，拿起锅台上的瓦罐，倒了一杯浓茶，然后撕下随身带的一块药棉，用药棉沾着茶水，熟练而细心地将谢槐福脚伤上的血块、血迹擦洗干净，把艾根研碎后，做成银元大小的药团，轻轻地敷在伤口上，又用一块白纱布包扎好。

朱德直起腰，对着谢槐福说："敷草药伤口好得慢，明天我到茅坪红军医院给你取些药粉来。这几天你就在家歇着，茶山上的活儿我们去干。"

第二天，由于敌情发生变化，天刚蒙蒙亮，朱德就带着部队出发了。谢槐福坐在家里，听着远方不时传来的阵阵枪声，他的心一直悬着，惦念着朱军长和那些红军战士。

夕阳西下的时候，晚霞映着天上的朵朵白云，把蓝蓝的天空装饰得耀眼夺目。谢槐福手拄着拐杖走出家门口，正准备去喂鸭，抬头看见朱德的警卫员气喘吁吁地跑来，手里拿着一个小纸包。警卫员老远看见了谢槐福，便大声说："大伯，这是朱军长叫我给您送来的药粉，快敷上吧。"

谢槐福摇摇手连忙说："我这伤不算啥，红军的药很短缺，你们

共和国领袖故事

■ 井冈山红军医院旧址

留着给受伤的战士用吧。"

"大伯,朱军长指挥红军又打胜仗了。"说着,警卫员把药包塞到谢槐福手里,转身便跑着回部队去了。

谢槐福望着渐渐远去的红军战士的背影,心里非常激动。朱军长在前方指挥部队打仗,工作那么忙,还没忘记俺老汉这点脚伤,他真是老百姓的贴心人啊!有朱军长和毛委员这样处处为咱贫苦百姓着想的人统帅红军,红军能不打胜仗吗!

打败江西"两只羊"

朱德和毛泽东在井冈山会师后,革命武装力量更加壮大,根据地不断得到发展,永新、莲花大部分地区都建立了红色政权,革命的烈火越烧越旺。可是蒋介石却视井冈山根据地为眼中钉、肉中刺,不能容忍它的存在。蒋介石在对井冈山根据地连续进行三次"会剿"失败后,于1928年的6月中旬,纠集了湖南、江西两省的敌军,对井冈山又发动了一次大规模的"联合会剿"。

朱军长和毛委员通过侦察员和地方老百姓送来的消息得知,湘敌吴尚的第八军在湖南的茶陵、酃县蠢蠢欲动,赣敌朱培德派来第九师师长杨池生、第二十九师师长杨如轩率领5个团的兵力,由吉安向永新方向前进。因为杨池生、杨如轩作恶多端,江西的老百姓称他们为"两只羊"。

朱德和毛泽东分析了敌人内部情况,确定对湘敌采取守势,对赣敌采取攻势,实行分而制之的作战原则,集中全力消灭赣敌。

根据这个作战原则,朱德命令红军主力从永新城撤到根据地的中心区域的宁冈,加紧进行战前准备。还组织了赤卫队、暴动队袭击骚扰进犯永新的敌人,配合红军的作战行动。为了迷惑敌人,朱德亲自向红三十一团团长朱云卿下达命令:"前委决定由你带领两个营,挺进湘东,佯攻湖南酃县,要动作快,造成强大声势,迫使湘军不敢轻举妄动。"

　　三十一团两个营的战士在朱云卿的率领下,日夜兼程,挺进湘东。在广大群众的配合下,在酃县附近,忽东忽西,四处袭击,骚扰敌人。敌军吴尚搞不清红军到底来了多少人马,吓得龟缩起来,不敢贸然行动。

　　赣敌听说红军主力已西出湘东,根据地空虚,认为机会难得。杨池生对杨如轩说:"老兄,这么好的机会,快动手吧!"杨如轩刚刚吃过红军的苦头,他左手上的伤还未愈合,便说:"老兄,还是小心为好,朱、毛可不是好对付的,朱德打仗历来很精,不可轻举妄动啊!"

　　杨池生满不在乎地说:"我们的武器比红军强几倍,人也比他们多多了,只要指挥有方,占领宁冈是没有问题的。"说到这儿,他看了看杨如轩,讥讽地说:"老兄,你可不要一朝被蛇咬,十年怕井绳嘛。"

　　"两羊"进占永新城后,决定将一个团放在永新和宁冈之间,维护补给线。其余部队分兵两路,一个团取道新七溪岭,两个团取道老七溪岭,然后会合攻打宁冈县城。"两羊"以为这样布置一定万无一失了,但是,他们万没有想到,他们的算盘完全是按照毛委员和朱军长的调度拨动的。当时,毛泽东、朱德等领导人看准敌人的动向,立即作出决定,以新、老七溪岭作为主要作战方向,由朱德统一指挥,在七溪岭消灭江西"两只羊"。

　　听说就要开战了,战士们个个摩拳擦掌,纷纷请战。但也有的人认为杨池生的部队武器好,受过正规训练,人称是"最狠的部队";我们兵少,武器差,有的团还是梭镖队,这一仗不好打。

　　6月22日下午,红军在宁冈新城召开了连以上干部及地方武装负责人会议,进行战前部署。毛泽东首先站起来说:"这一仗关系到边界安危,不但要打,而且一定要坚决打好!"他在分析了敌人的强势后说道:"我们不能把两只眼睛全盯在敌人的长处上,还要拿出一只眼睛看一看它的短处。杨池生的部队在烈日炎炎下长途行军已经疲惫不堪,杨如轩的部队则连遭我军打击,士气更是低落。而我们呢？打败杨如轩之后，部队士气正旺，有很好的地形可以利用，又有广大的人民群众和地方武装的支援……"最后，他手臂一挥，用肯定而激昂的口气说："这一仗是一定能打好的！"

经毛委员这样一分析，大家都来了劲头，纷纷议论，这一仗怎么个打法。这时，毛泽东右手指着朱德对大家说："这一仗的招数都在朱军长的兜里装着呢，快听听军长的吧！"

朱德笑着站起来，对大家说："啥子招数嘛！杨池生和杨如轩这两个人，我以前在云南时就认识，知道他们的脾性和战法。特别是杨池生，倔得像头驴子。我们四川驴子可多了，整治那家伙，还是有办法的。"听着朱军长这幽默的话语，大家都禁不住笑了起来。

接着朱德作出了战斗部署：王尔琢率二十八团到老七溪岭，他亲自率领二十九团、三十一团一营到新七溪岭，袁文才带领三十二团埋伏在武功坛一带，配合作战。永新、宁冈的地方武装在新、老七溪岭山头配合红军作战。毛委员负责掌握全局情况，并指挥一部分部队监视和牵制湖南方面吴尚的第八军。

6月22日黄昏，杨池生和杨如轩率领敌军，急冲冲地赶到了七溪岭山脚下的龙源口村。敌人本想到龙源口抢劫一些吃的，填饱肚子再上山，没想到村里的老百姓早已把粮食藏了起来，连水缸都是空的。想在村里宿营吧，又怕红军、游击队下山来，于是命令部队，不爬过七溪岭不准休息。

6月23日清晨，红军和地方武装按照原定计划相继进入阵地。

战斗首先在新七溪岭打响。朱德指挥二十九团抢先占领了有利地势，控制了制高点望月亭和风车口等地。当敌军向制高点望月亭冲来时，朱德一声令下："打！"只见机枪、步枪一齐射向敌人，手榴弹也在敌群中开了花。红军以猛烈的反击打退了敌人几次进攻。但敌军凭借着武器精良、弹药充足，一次次组织新的攻击。

敌军架起七八挺机枪，一齐向我军指挥部望月亭疯狂扫射，并且抢占了红军的前沿阵地风车口。此时，红军三十一团一营赶来增援，但由于他们枪支很少，山梁上既无工事可守，又无地物可利用,为了减少伤亡,只好边打边撤。而敌军以密集的队形已步步逼近山头。

当敌军冲到离望月亭只有200多米时,在决定胜败存亡的关键时刻,传来了朱军长的呐喊声:"坚决把敌人顶回去,决不能让他们前进一步!"随着喊声,只见朱德手持一挺花眼机枪,带领3名警卫员,迎着硝烟弹雨,从风月亭冲了下来。就在这时,只见两颗子弹从朱德的头上飞过,他的八角帽子马上冒出两股青烟。战士们惊喊:"军长,危险,快卧倒!"朱德奋不顾身,端起机枪,将一梭梭满带仇恨的子弹,雨点般倾泻到敌人头上。战士们在朱军长勇猛无畏的精神鼓舞下,从阵地上跃起,个个如同下山的猛虎,扑向敌人。在官兵共同顽强奋战下,硬是把冲上来的敌军压了下去。

这时,老七溪岭上,敌人已经抢先占领了制高点百步墩,正向红二十八团阵地不停地开炮轰击。王尔琢团长根据地形和我军短兵器多的特点,挑选了100多个作战勇敢、有战斗经验的指战员,分成几个冲锋集群,同敌军展开了顽强的肉搏战。经过一个多小时的拼死搏斗,终于打败敌人,夺回百步墩。接着,我军乘胜追击,飞兵直下,敌人连滚带爬地败下阵来。

当攻老七溪岭的敌人向山下狼狈逃窜时,事先埋伏在武功坛的三十二团团长袁文才,立即率领小分队向设在白口村的敌人指挥部发起了猛烈攻击。顿时,杀得敌人晕头转向,猝不及防。杨如轩一看大势已去,爬上马背,慌忙逃窜,被追上来的袁文才部击中手臂,差点坠下马去。他紧贴马背,拼命地向永新城逃去。

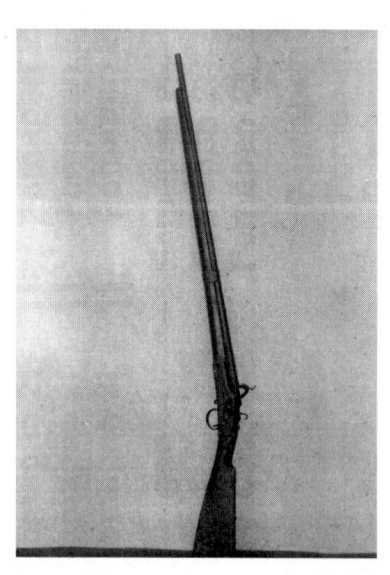
■ 红军在七溪岭战斗时使用的鸟铳

■ 红军留在井冈山屋墙上的标语

当朱德从望远镜中观察到二十八团已掉头包抄新七溪岭败兵时,立即命令新七溪岭上的红军将敌人赶下山去。之后,在龙源口会同二十八团,将敌军团团困住。

此时,埋伏在龙源口附近的地方武装、少先队和儿童团也大显身手,他们摇旗呐喊,手持鸟铳、梭镖、大刀等武器投入战斗。杨池生的一个团全部被歼灭在新七溪岭脚下的龙源口桥畔。我军士气大增,一鼓作气,直捣永新城,取得龙源口战斗的彻底胜利。

这次战斗,红军以不足3个团的兵力,歼灭敌人1个团,击溃2个团,是井冈山时期规模最大,影响最深的一次战斗。从此,井冈山革命根据地进入了全盛时期。朱德以他高超的军事指挥才能,创造了红军历史上以少胜多的光辉范例。

这年冬天,井冈山军民欢天喜地迎春节,大家要求朱军长写一副对联,朱德便挥笔写下了"不费红军三分力,打败江西两只羊"。后来,当地群众又加上两句,变成了一首广为流传的歌谣:

朱毛会师在井冈,
红军力量坚又强。
不费红军三分力,
打败江西两只羊。

扁担的故事

这是一个广为流传的故事。国民党军队在七溪岭吃了败仗后,见光在军事上进攻不行,又耍出了经济封锁的花招。反动地方武装靖卫团、保安团、挨户团等,四处把关设卡,严防白区的商人到根据地做生意,妄图把红军战士困死、饿死。为了粉碎敌人的经济封锁,巩固这块革命根据地,把武装斗争坚持下去,红军除了同敌人进行频繁机动而艰苦的斗争外,还要克服物质生活上的许多困难,特别是吃粮的困难。

井冈山根据地方圆 500 多里,人口总共不过 2 000 人,年产粮不足万担。这点粮食只供给山上的老百姓还不够,5 000 多红军上山之后,吃饭成了大问题。那时候,部队吃粮需要到山下去挑。部队要吃粮,还要储备足够的粮食,来应付敌人的围困。井冈山军民在毛委员和朱军长的号召下,掀起了一场群众性的挑粮上山、储备粮食的运动。那时,朱德只要工作能脱开身,总是亲自带领部队下山挑粮。

那时红军挑粮有 3 条路,一条是经桐木岭到永新,一条是经朱砂冲到遂川,一条是经黄洋界到宁冈。路途近的往返 60 里,远的有 100 多里。每到运粮的日子,红军战士们天不亮就得出发,赶到装粮地点后,有的用箩筐担,有的用口袋背,有的因缺少运粮工具,就脱下条裤子,把裤腿扎紧,往裤腿里装满粮食,搭在肩上,这样挑

■ 朱德和战士们挑粮经常通过的黄洋界小路

的挑,背的背,翻山越坳,把粮运来。

挑粮的山路坑坑洼洼,很不好走,身上挑着百八十斤的粮食,连小伙子们都累得够呛。当时,担任红四军军长的朱德,已经是40开外的人了。每次挑粮,他和年轻战士一样,脚穿草鞋,头顶斗笠,身先士卒,带头挑着满满的两大箩筐米,而行走时却如同空手般稳健,连年轻力壮的小伙子也常常被甩得老远。大家看到朱军长整日整夜地忙着处理各种军务大事,已经够累的了,还要和战士们一起去运粮,而且还总是挑得那么重,着实敬佩他,但又生怕累坏了朱军长,便劝他不要去挑粮了。

朱德摇着手说:"那怎么行,挑粮上山是前委的决定,我当军长的应该带头执行,决不该有什么特殊。咱们共产党的干部和旧社会的官老爷可不同。一个共产党员不管他的地位多高,权力多大,都是人民中间的一分子,应该同群众同甘共苦。部队靠扁担挑粮吃,我不能光坐着吃现成饭,战士们肩膀上压着扁担,我哪能躲在一边去找清闲?官兵一致,本来就是咱们红军的光荣传统嘛!"战士们见说不服他,拦又拦不住,都心里着急,这可怎么办呀!

一天,部队要到宁冈古城去挑粮,天刚透亮,参加挑粮的人们便起来开饭了。朱德昨夜开会回来又处理了几个文件,直到深夜才和衣睡了一会儿。听到开饭的哨声,他知道部队又要去挑粮,便起身来到饭场。警卫员见他又要去挑粮,追来对他说:"你一宿没合眼,今天就不要去挑粮了。""谁说我一宿没睡觉?我是睡了嘛,去,要去!"朱德说着,盛了一碗红米饭,蹲到一群战士身边,和他们一起围着一盆煮南瓜汤吃起来。

正在警卫员发愁不知该怎么办时,一个小战士走过来说:"我想出了一个办法,把他的扁担偷偷藏起来,他不就去不成啦!""对呀!"警卫员笑了,他拉上几个战士偷偷地溜出了饭场。

朱德吃过饭,提着箩筐,见自己的扁担没了,就问警卫员:"看见我的扁担了嘛?"警卫员的脑袋摇得像个拨浪鼓。朱德纳闷地想:怪了,刚才还在嘛。他走到外面冲人们大声喊道:"谁拿错扁担

共和国领袖故事

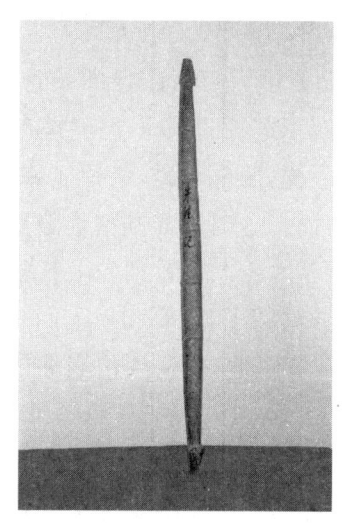

朱德挑粮用的扁担

啦？谁把我的扁担拿跑啦？"

人们都说不知道，那几个藏扁担的战士低头捂着嘴偷偷地笑，然后大声地说："扁担丢了，今天就别去了呗！"

"那还行？"朱德说完，找老俵借了把砍刀，又到外面选了根结实的竹子，三下五下便又重新做了根扁担。还用柴刀把扁担削平，回屋拿起毛笔，在扁担上写上"朱德记"三个大字，然后特意冲着那几个战士高声说："谁要再'偷'我的扁担，我可要批评了。"那几个战士互相眨了眨眼睛，谁也没敢再说什么。就这样，朱德挑起箩筐，随着挑粮的队伍出发了。

那正是金秋时节，蓝蓝的天空中没有半丝云翳，一群群大雁排着整齐的队列不时地从人们的头顶上越过，向南飞去。

一路上，朱德走在战士中间，有说有笑，不时地和战士们拉着家常。

到了古城，朱德抢先装粮。几个战士扯住箩筐说："军长，您这么大年纪了，就不要挑了，跟着我们走就够累了。"

朱德不高兴地说："我是来挑粮的，可不是跟着看的。"说着，拾起簸箕就往箩筐里装粮。箩筐装满了，他又把随身带来的两个布口袋抖了抖，正准备往里再装，那几个战士一齐上来拽住布袋，带着央求的口气说："挑就挑吧，少挑一点儿不行吗？"

"为啥要少挑呢？"朱德严肃而又亲切地说，"我挑得动嘛！"

一个战士说："我们每人多挑一把粮，就把您挑的粮补回来了。"

朱德说："你们是两条腿一副肩膀，我也是两条腿一副肩膀，你们能挑，为啥我就不能挑，不公平嘛！"说着又把两个布口袋各装了半口袋,扎上口,放在箩筐上,然后挑起担子去过秤。战士们一双双眼睛紧盯着秤盘星,好家伙,112斤!在朱军长的带动下,每个战士装粮都自觉地把自己的箩筐装得满满的。

朱德把一只手搭在扁担的前端,另一只手拉着身后的箩筐,不紧不慢,从容迈步,沉甸甸的担子压在40多岁的朱军长身上,似乎毫不费劲儿。

从茨坪到古城,往返有近200里的路程,当天回不了山,要到砻市歇一宿。

砻市的群众听说朱德带领挑粮队伍进了村,个个高兴得不得了。男人们急忙回家卸门板、铺稻草,为红军准备住处。女人们忙着给红军烧洗脚水,有的还把家里的鸡蛋、白米用小篮挎着送到苏维埃政府的伙房去,准备给红军改善伙食。

到了砻市,朱德把担子一放,便去察看战士们的住处。路过伙房,他向老炊事员打招呼说:"你好啊,老同志,辛苦啦!今儿个做啥好吃的呀?"

"红米饭,炒辣椒。"老炊事员答道。

"噢,辣椒可是好东西呀。"朱德说,"在我们家乡,有辣椒就是好菜呀,没听有句话说嘛,吃不得辣椒辣,受不得苦中苦哇!"

说到这,朱德指着锅台上的10来个鸡蛋问:"这些鸡蛋是给谁预备的呀?"

老炊事员说:"群众的意见,要给您多炒几个鸡蛋。老军长,您挑粮太辛苦……"

朱德不等老炊事员说完,便抢着说:"挑粮嘛,谁不辛苦?大家都一样辛苦嘛!"

老炊事员说:"多吃几个鸡蛋也不是什么出格的事。"

朱德笑着说:"和大伙一起吃红米饭、炒辣椒,不是挺好吗?辣椒开胃,越吃越想吃;红米饭比白米饭营养好,吃了展劲儿。你看,国民党军队一天三顿大米白面,不是也被我们这些吃红米饭、炒辣椒的打得屁滚尿流了吗?"老炊事员被说乐了。朱德用拨火棍在灶膛

里搅了搅,添了一把柴,站起身接着说:"我是吃惯了大锅饭的,千万别给我搞特殊。这鸡蛋,你做了我也不吃。"说完,他跨出门槛。

老炊事员无可奈何地摇摇头,只好把鸡蛋甩在汤里,给大家做了一锅鸡蛋汤。

晚上睡觉的时候,战士们又悄悄商量起怎样才能减轻军长的担子。明天要爬黄洋界,可不能把朱军长累坏了呀!劝说是不行了,最后大家商量好,只能采取"武力"行动了。

第二天中午,挑粮的队伍来到黄洋界下的源头村。黄洋界海拔1 500米,一面是高山,一面是万丈深渊。没有走惯山路的人,空手上去还要气喘吁吁,膝盖发颤呢。

休息过后,开始上山了。朱德刚刚挑起担子,两个战士突然冲上来,不由分说,提起箩筐上的两口袋粮食就跑。朱德追也追不上,只好摇头笑着说:"这小家伙……"

经过3个多小时的艰苦路程,走在前面的战士终于爬上黄洋界的最高峰。

一个战士说:"看吧,今天保险把咱们老军长甩在后面了。"另一个战士说:"论年龄,军长顶你俩,你得意啥哩。走,接军长去!"

正说着,只见朱德稳健地挑着担子,迈着大步跨上山来。战士们又笑又跳,拍着巴掌拥上去,有的接担子,有的递毛巾,有的拉着老军长到大橭树下休息。大家都情不自禁地拍着巴掌唱起了挑粮歌:

　　朱德挑谷上坳哟,
　　粮食绝对可靠啰。

朱德连忙摇头说:"不要这么唱,应该是红军挑谷上坳嘛。"战士们冲他笑笑,继续唱道:

　　大家齐心合力哟,
　　粉碎敌人"围剿"啰。

这歌声从高高的黄洋界传向四面八方,引来了千山万壑的回音,好像与战士们同声合唱。

军长理发

1928年夏天,朱德、毛泽东领导的红军攻下了永新县城。老百姓个个兴高采烈,张灯结彩,踩高跷,演大戏,大店小铺挂起了红旗,大街小巷贴满了标语,欢迎红军到来。

红军进城的第二天,朱德路过一家理发店,看见几个年轻人正在店门口贴一张红纸,上面写着一首歌谣:

盼星星,盼月亮,

盼望救星共产党。

云要散,天要亮,

终于见到红太阳。

朱德看后,笑着问:"你们是这个理发店的徒弟吧?"他们答道:"是呀。"朱德又问:"会剃头吗?"一个小伙子抬头见是一位中年红军,脸上带着慈祥的微笑,说话十分和气。细看这人长着满脸胡子,穿着一身旧灰布军装,军装前襟打着补丁,后面还补了一大块蓝布,心想,这人大概是个"伙夫"吧!就大胆地说:"我会剃头。"

"你会剃头,那好,快带上剃头箱,跟我来。"小徒弟马上提起剃头箱跟着朱德来到南门商会里,走进一间房子。只见屋里墙上挂着地图,还挂了好多枪,一张桌子上放着粗瓷茶壶和茶碗。那个人拉过一条板凳,亲切地叫他坐下休息一会儿,喝碗茶再理发。然后,他把外衣脱下,就到里屋去了。

小徒弟坐着,心里却打起鼓来,自己恐怕是搞错了。这时,进来一个年纪只有十六七岁的红军小战士。这个小战士肩上斜挎着匣子枪,他一边亲切地和小徒弟打招呼,一边给他倒茶。小徒弟见此情形,更加忐忑不安起来,想着:这个人肯定不是"伙夫",一定是个大官儿,端茶的小战士分明是个警卫员。这时,一位围着围裙的炊事员走了进来,笑着问道:"警卫员,朱军长回来了吗?"警卫员点点头。

小徒弟一听,刚才那人是军长,不由得"啊"了一声。于是,他站起身,提起剃头箱就要往回走。

正巧这时朱德手里拿着一张油印的红四军战报走出来,他连忙问:"小伙子,怎么啦!还没剃头就要走?"

"我这手艺,恐怕……"

"不要怕,我们是红军,是为穷人翻身求解放的,红军和老百姓是一家人嘛!"朱德一边说着,一边走过来,轻轻拍了拍小徒弟的肩膀,说道:"小伙子,你就大胆地理吧。"

为了减轻小徒弟的心理负担,朱德和他拉起了家常。

朱德问:"学徒几年了?"

"学徒三年,帮工三年。"小徒弟答道。

"老板给多少工钱?"朱德又问。

小徒弟说:"哪里有工钱,入徒还要自带三个月口粮。这几年不但没有工钱,还要给师傅挑水做饭,洗碗打杂。"

朱德说:"做了工夫,应该向老板分钱,你应该有钱得。"他还和小徒弟讲了许多打土豪分田地、反对老板剥削的道理。

经朱德这么一开导,小徒弟才明白,自己学徒几年的辛苦钱都流进了老板的腰包,原先大家认为学徒就该不拿钱白吃苦,这个理是不对的。

理完发,朱德又招呼小徒弟一起吃饭。吃过饭,朱德拿起战报,告诉他红军在湘赣边界又打了好几次胜仗。小徒弟听了非常高兴,他接过战报看了两眼又很快还给了朱德。"你读过书吗?"朱德关切地问,"读是读过几天,斗大的字也认识几麻袋,可是现在又都还给先生了。"

"忘了没关系,可以再学嘛,我来考你几个字。"说着,朱德就在战报背面写了"救星共产党"5个字。小徒弟左看看,右看看,觉得好像在什么地方看见过,可就是一时想不起来。

朱德笑了笑说:"这5个字你见过,想想看,刚才你们在理发店门口贴的那张红纸上写的是什么?"

小徒弟试探着说:"朱军长,是'盼星星盼月亮'吧?"朱德笑着摇摇头说:"不对,不对,这只有5个字,你却念了6个字。"

小伙子低下头,羞怯地说:"说实话,我真的不认识,刚才是瞎猜的。"

朱德亲切地抚摸着小徒弟的脑瓜说:"不会就学嘛,我来教你。"于是朱德手把手地教起来。不一会儿,5个字学会了。朱德又问:"你们写的那首歌谣很好,是怎么编出来的?"

小徒弟见朱军长称赞他们编的歌谣,激动地高声说:"我们几个小徒弟,平时受尽了老板的气,这回红军来了,大家都很高兴,于是纷纷道出了自己的心里话。你一言,我一语,就凑成了这首歌谣。"

朱德鼓励说:"对,只要你们齐心,老板就不敢再欺负你们。"接着他又讲团结起来打倒国民党反动派,打倒地主、资本家的道理。朱德的话像熊熊燃烧的烈火,把小徒弟的心照得亮堂堂的。

朱德送小徒弟出来的时候,从口袋里掏出一个银角子塞在小伙子手里,并对他说:"不要找钱了,你也够苦的,拿去自己用,不要给老板。"

小徒弟听了这亲切、温暖的话语,眼泪哗地一下淌了下来。十几年来,没有人给过他一分钱,没有人像朱军长这样亲切地关怀过他。一种强烈的愿望从他的心里油然而生,他紧紧握着朱军长的手,乞盼着说:"朱军长,这钱我不能收,我也不愿走了,您就收下我吧,我愿意跟着您干革命,再苦再累也不变心。我战时跟您打仗,

平时给红军剃头。"

朱德从心里喜欢这个纯朴的小伙子，便微笑着点点头。小伙子高兴地跳了起来。从此，红军的队伍里多了一名会剃头的小战士。

朱德理发从不欠理发费，见是穷苦百姓，他还要多给一些钱。他到理发店去理发，也是按先后顺序，排队理发。

1928年11月，红军打下了新城。一天，战士们来到新城南门的一家理发店理发。理发店的黄师傅一边给红军战士理发，一边和战士们聊天："你们朱军长真了不起，指挥红军接连战胜了比自己强大得多的敌人。听说朱军长也在城里？"

黄师傅正说着，朱德从门外走了进来。他见理发的人多，就悄悄地坐在战士们后面，排队等候。

过了一会儿，一个战士理完发，正准备出门，发现了朱军长，不由得喊道："朱军长，您也来理发？"其余的几名战士，都回过头来叫着"朱军长"。然后大家纷纷要求黄师傅先给朱军长理发。黄师傅连忙拿着白围布走到朱德面前说："朱军长，那我就先给您理吧！"

朱德笑着摇摇手说："不，那怎么行呢，你先给他们理。干什么事都要按先后顺序，这也是一种纪律嘛。我当军长的只能带头遵守纪律。"说着他又在后面坐下，并且亲切地和战士们攀谈起来。

就这样，朱德等轮到自己时才开始理发。黄师傅见红军的军长这样严守纪律，平易近人，和蔼可亲，深受感动。

让马

红军在井冈山的时候,由于指挥军事的需要,组织上分配给朱德一匹马。但人们却经常看到他步行或者挑着担子走,而把马让给别人骑。

有一年秋天,宁冈一带粮食丰收了,当地的老百姓支援红军,成群结队地往井冈山送粮。一天,朱德在骑马从山下返回的路上,远远听到山冈下传来充满喜悦的歌声:

一根扁担四尺长喽,
年年用它来送粮。
往年送粮泪涟涟呵,
家中没有隔夜粮。
今年不同往常年喽,
人人喜送翻身粮。
朱军长带来好光景,
支援红军打胜仗。

领头唱歌的老汉叫邱祖德。那年朱德领导他们麻上村的村民打土豪分田地,乡亲们经过精耕细作,获得了好收成。为了报答朱德的恩情,支援红军打白匪,邱老汉把自家产的最好的稻谷送给红军。他一边挑着担子,一边高兴地唱着山歌,听到马蹄声,赶紧让路。哪知朱德看到老汉挑着沉甸甸的一担粮,就跳下马来,要替他

分担一些粮食。朱德笑呵呵地说:"老俵,去送粮吧?快放下担子,休息一会儿。"

邱老汉见是朱军长,连忙说:"朱军长,我挑得动,你工作忙,赶快上马吧!"

这时,后面又来了一个送粮的女同志,是个孕妇。朱德连忙说:"同志嫂,快放下担子,我来替你分担一些吧!"说着,他从马上拿下两个布袋子,从女同志那儿分了一些粮,搭在马上。然后,他又向茅坪村老乡借了一担箩筐,从邱老汉那儿分了一些粮。朱德挑起担子,笑着说道:"动身吧!"就这样,朱德挑着粮,牵着马,和送粮的乡亲们一起上山了。见到此情景的沿途乡亲无不为之感动。

1933年2月底,中央红军在朱总司令率领下,在黄陂地区一举消灭了国民党两个师,缴获了敌人大批枪炮、弹药和军需物资。粉碎了国民党反动派向中央苏区发动的第四次"围剿"。

一天,朱德带领战士们把缴获的军用物资运往瑞金。由于连日行军,战士朱开明的10个脚趾都磨起了血泡,肩膀也疼痛难忍,可他仍坚持挑着两箱炸药,一瘸一拐地跟在队伍后面。眼看着就要掉队了,朱开明心里一急,只觉得眼前一黑,两腿发软,便摔倒在山路旁。

一阵马蹄声把朱开明惊醒,他睁开眼一看,是朱总司令和警卫员骑马过来了。朱开明心想:每次行军打仗,总司令总是把马让给伤病员骑,一旦被他发现自己脚上起了泡走不动,就一定要命令我骑他的马。想到这儿,朱开明忘记了伤痛,"忽"地从地上站起来,挑起炸药箱就要追赶队伍。可是,还没迈开步子,只觉得一阵剧痛,又不由自主地摔倒在地。朱德见一个战士摔倒了,赶紧下马,弯腰扶起朱开明,关切地问:"怎么了?"朱开明赶紧摇头说:"首长,没什么关系……"

朱德仔细将朱开明上下查看了一遍,发现他肩上被扁担压出两块深深的血痕,两脚包着血布,便带着又心痛又责备的语气说:"脚伤了,肩又破了,还挑这么重的担子,应该少挑点嘛!"朱德边说着，边从马鞍下的挂包里取出一包药，然后从水壶里倒了半碗水，像护士一样十分熟练而细心地给朱开明洗净脚上的脓血，敷上消炎药，又用纱布轻轻地把伤口包扎好。

朱开明看着总司令亲自为自己敷药、包扎，内心激动不已，立刻站起来，两脚在原地跳了跳说："这下可好了，我可以追赶部队了，首长，再见。"说着拿起扁担，挑起炸药箱，朝山上走去。可是，没走十来步远，身子一歪，又摔倒了。

朱德加快脚步赶上来，扶起朱开明，严肃地说："伤势重，不能勉强，骑我的马去医院治疗休息，伤好了再归队。"朱开明听后，心里很不安，想着总司令的马让给我骑，可这两箱炸药怎么办呀？总不能让总司令挑着走吧？想到这儿，他急忙说："首长，我的脚好了，刚才是石块把我绊倒了，我能走，我不能骑……"说着，又要硬撑着站起来，可是由于伤势太重，身体虚弱，这次怎么也站不起来了。

朱德和警卫员一起赶忙扶朱开明上了马，警卫员贴着朱开明的耳朵悄悄说："快骑上吧，伤员骑他的马，他心里高兴，不骑他的马，他就要批评你了。"

朱开明骑上马，心里还是想着那两箱炸药怎么办。朱德早就猜透了朱开明的心思，他风趣地说："蒋介石这个运输大队长天天给我们红军送枪支弹药，只要你伤好了，可使出全身劲儿来挑！"说着，他叫警卫员把朱开明送到红军医院去，自己则弯下腰，挑起那两箱沉甸甸的炸药，大步走上山坳。不一会儿，便赶上了运送物资的队伍。

在长征途中，朱德也经常将他的马让给走不动的伤病员骑。

那时，骑兵警卫班班长胡光隋的马在一次战斗中被打死了，当时再想弄到一匹马很不容易，从此他只好步行。

一次行军时，他的脚不小心碰伤了，走起路来一拐一拐的，眼看就要掉队了，这可怎么办呀？胡光隋正在着急时，朱德骑马走了过来，他关切地问："小胡，是不是脚伤了？骑上我的马吧！"没等胡

光隋答话,他已跳下马,并且吩咐饲养员扶胡光隋上马。胡光隋左右为难起来,不骑吧,眼看着就要掉队了,骑吧,朱德总司令这么大年纪了给自己让马,心里实在过意不去……正在他犹豫不决时,抬头见总司令早已快步追赶队伍去了。

胡光隋流着热泪骑上马。到了宿营地后,他把总司令给他让马的事告诉了大家。战士们听了都深受感动,胡光隋更是激动,他红着眼圈对大家说:"以后在总司令面前,有病要撑着,千万别让他看见,否则,他又要把马让出来。"从这以后,警卫班的战士们也以总司令为榜样,争先将自己的马让给伤病员骑。

打了胜仗来结婚

朱德和康克清是在井冈山艰苦斗争的岁月中相识的。他们结婚时,朱德已经43岁,是红四军军长,康克清是一名普通的红军女战士。

康克清小时候叫康桂秀,参加红军后改名叫康克清。她出生在江西省万安县的罗塘湾。罗塘湾是一个依山傍水的穷苦渔村。康克清出生才40天,就被靠租渔船流浪生活的父亲送给了别人做"望郎媳"。"望郎媳"就是童养媳。

康克清聪明能干。1925年,她的养父加入了中国共产党,她家成了党的秘密活动点。康克清在养父的熏陶和影响下,慢慢地懂得了许多革命道理。村里成立农民协会和妇女会时,她都积极参加。14岁加入了共青团。

1928年,16岁的康克清参加了万安游击队。陈毅领导的红二十八团将这支游击队带上了井冈山。从此,红军的队伍里多了一名长着圆圆的脸庞、天真、胆大、飒爽英姿的女战士。

康克清第一次见到朱德,朱德给她留下了深刻的印象。那是她们随红军上井冈山的路上,正好碰上朱德和刚刚打完胜仗的战士们。有人说:"看,那就是朱军长。"康克清睁大惊奇的双眼,顺着那人手指的方向仔细地打量着。只见朱军长体格魁梧,身穿一身带补丁的灰布军装,裹着绑腿,脚上穿着粗麻编织的草鞋,头上戴着一顶斗笠。黑红的脸上长满了长长的胡子,浓浓的眉毛下,长着

一双慈祥而又机敏的眼睛。他笑哈哈地和大家打着招呼,就像是一名普通的战士,一点儿官架子也没有。

康克清原来听人说到朱毛,以为是一个人,后来知道了他们是红军的两位大官。要不是她亲眼所见,怎么也不会相信这个平平凡凡的人竟是红军的军长。她见过国民党的军队,不要说是军长了,连挨户团的杂牌团长,也是一走地皮颤,前前后后不知道有多少护兵保镖呢。康克清刚从家乡出来,开始见到生人还有点拘束,看到朱军长和大家有说有笑,这样平易近人,她也大胆地走上前去,听朱德和大家聊天。

参加红军后,军部分配康克清到第一中队搞宣传工作。由于她工作出色,很快被调到政治部做宣传员。康克清工作起来像小伙子似的,浑身好像有使不完的劲儿。写标语,她不怕爬高;搞宣传,她讲得头头是道,绘声绘色。部队行军时,她不但不用别人帮忙,还经常替身体弱的战士扛枪。朱德很喜欢这个勇敢、热情、积极上进的女战士。

一天,朱德和毛泽东路过井冈山的黄坳,看见康克清站在高高的梯子上正在往墙上写标语。朱德关切地喊道:"小康,这么高,要小心啊!"

康克清低头一看,是朱军长和毛委员,心里感到热乎乎的。她爽朗地回答:"朱军长,你放心吧,掉不下来的。"

毛泽东见她这么勇敢,便问朱德:"这小同志是哪部分的?"

朱德笑着说:"她还是一个小姑娘哩!是万安游击队来的,现在政治部搞宣传工作。"

毛泽东看到朱德对康克清有好感,便有意识地说:"看来这个小姑娘大有出息,你要好好培养她,帮助她提高。"

毛泽东的话很合朱德的心意。从此,朱德对康克清倾注了更多的关心、爱护和帮助。

一天,从远处传来了一阵清脆、嘹亮的歌声。朱德一听,便知道是康克清回来了,可是歌声快到司令部时就停止了。朱德走到门口,迎着康克清说:"唱得好嘛!怎么不唱了?"

康克清一边举手向朱德行军礼,一边答道:"报告军长,怕影响您工作呀!"

朱德乐哈哈地说:"你们宣传员唱歌也是工作嘛。平时把歌喉练好了,将来给老百姓唱就能鼓动更多的群众来参加红军,扩大红军队伍;如果唱给战士们听,就能激发他们热爱自己的队伍,安心地工作。这样一来,你们唱歌的功劳就不小啊!"

朱德搬过一条木板凳,让康克清坐下来,像慈祥的兄长那样和她聊起了家常。

"参军有半年了吧?还想家吗?"朱德问。

"不想了。"康克清摇摇头回答说。

"工作苦不苦?有什么困难吗?"

康克清见朱军长问寒问暖,对自己这样和蔼可亲,只觉得心里热乎乎的。她说:"苦,我不怕!我是从苦水里泡出来的人,什么苦我都可以吃。"朱德听了很高兴,赞许地说:"好!很好!你这个思想要得!我们红军队伍里就是要有不怕苦、不怕死的钢铁战士。"

就这样,战士与军长聊得很投机,越说越亲切。康克清说:"军长,我家穷没上过学,文化低,工作起来很吃力。有时写标语,许多字不会写,宣传时有些道理讲不透,真急死人!"

朱德半开导、半鼓励地说:"不要紧的,文化低可以学嘛!一天学一个字,一年可以学300多个字。坚持学下去,将来你还会成为一个女秀才哩!"康克清被军长说得开心地笑了起来。

朱德站起身,用商量的口气说:"只要你肯学,我愿当你的老师,每天晚上你到我这里学习两个钟头,学文化、学政治、学军事知识。总之,你需要什么就学什么,好吗?"

康克清拍着巴掌高兴地连声说:"好!太好了!有军长当老师,我一定下狠心好好学。"

从此,康克清每天晚上到朱德处登门求教。朱德总是热情而耐心地教她识字,他一手拿着识字课本,一手教她写生字。朱德还经常和康克清谈军事,谈学习马列主义的心得体会,讲未来美好的

生活。他从多方面启发和引导康克清学习。

康克清把学习看作和打仗一样重要，无论是在宿营地，还是行军路上，她都不放弃一切识字的机会。在朱德的辅导和影响下，康克清的文化水平提高很快。接触时间长了，康克清慢慢地从朱德的言语中，品味出他对自己的关心与思念。同时，随着对朱德朴实诚恳的为人和英勇善战的了解，也更加尊重他、敬佩他了。在朝夕相处的艰苦斗争生活中，军长与战士之间逐渐萌发了爱慕之情。

康克清的婚恋秘密在她的老乡中传开了，有的人取笑她，她听了理直气壮地说："我可以奉告大家，我的婚恋观就是无产阶级的婚恋观，只要革命坚决，品德高尚，对党的贡献大，真正志同道合，我就不计较年龄，不媚权势。"

朱德知道这件事后，对康克清更加钦佩。朱德用他那双饱经风霜的大手，紧紧地握住康克清的手，亲切而诚恳地说："克清，我现在需要有一个像你这样纯洁、真诚、坚强的姑娘真心爱我，我们结成终身伴侣好吗？"

康克清羞涩地看了看朱德，然后点了点头。

朱德见康克清点头同意了，他欢喜地说："克清，我们结婚吧！"

康克清低着头，想着朱德这几天又要带领部队去前线打仗了，她便小声地说："等打了胜仗来结婚。"

1929年3月，朱德和毛泽东率领红四军打响了入闽第一仗。朱德运用游击战术，英勇、机智、沉着地指挥红军作战，屡战屡胜。

红军在长汀一战，歼敌2000余人，攻占了长汀县城。汀州人民打开城门，载歌载舞，欢迎红军进城。在一片凯歌声中，朱德和康克清结婚了。

新房陈设很简单，只有一张木床，一张八仙桌和四个方凳。他们没有举行婚礼仪式，但毛泽东、陈毅和他们的战友，当地的群众纷纷来到新房道贺。毛泽东风趣地说："你们今天是双喜临门哪！"

朱德和康克清笑嘻嘻地拿出花生和汀州土特产来招待大家。一对红军恋人终于结成终身伴侣。

■ 朱德与战友、夫人康克清的合影

打了胜仗来结婚

欢度端午节

共和国领袖故事

1930年初夏的一天,天还没大亮,朱德在门外喊道:"康克清,走咯!"

朱德夫人康克清应声走出门外,看见朱德手里拎着一个竹篓儿站在院里。康克清问:"这么早,你干什么去呀?"

"捡田螺去呀!"朱德笑嘻嘻地说。

康克清拍拍脑袋说:"噢,想起来了,今天是端午节。"

头天晚上,红军通信排的战士们,坐在宿营地前的草坪上,一边编着草鞋,一边聊天。一个战士手里拿着一双刚刚编好的草鞋说:"看看我编的草鞋,有没有朱军长编得好呀!"

另一名战士忙说:"你怎么敢同朱军长比?朱军长的手艺可不亚于编草鞋的能手徐婆婆。"

徐婆婆住在井冈山下。当时,红军没有战事的时候,晚饭后,大家就坐在徐婆婆家的院子里,借着月光编草鞋。朱德也常常来到这里和大家一起编草鞋。他编的草鞋又细致又结实,徐婆婆连声称赞朱军长的手巧。战士们告诉徐婆婆:"我们军长不仅能打仗、善指挥,编鞋补衣也样样都行。军长衣服上的补丁都是他自己补的呢!"徐婆婆一开始还有点不相信,等她走到朱德跟前看了看,果然补得不错。她带着赞许的口气说:"真了不起,朱军长补衣编草鞋比我这个老婆婆还强呢!"

朱德一面编着草鞋,一面问:"你们知道明天是什么日子吗?"

"明天是端午节。"一个战士答道。

朱德点点头,微笑着向大家说:"明天就是端午节了,大家想想办法,开开荤,改善改善伙食吧!"

改善伙食,开开荤,谁不想呢?可战士们知道,自从敌人对根据地进行严密的封锁以来,附近村子里的鸡鸭牛羊几乎都被白匪抢净杀光了,平时连青菜、豆腐都很难吃上,哪里有荤腥呢?站在一旁的炊事班长老胡说:"总司令,我也正在为这事发愁呢。"

朱德见战士们默默不语,猜透了大家的心思,他笑嘻嘻地说:"吃不上鸡鸭鱼肉没关系嘛,我们可以就地取材,搞些现成的荤腥来改善伙食嘛。"

经朱德这么一提醒,战士们顿时活跃起来。有的提议去捉野鸡和野鸭,有的提议去猎山猪。但是许多人都不同意,因为当时红军本来就弹药少,还得留着打白狗子呢,而且枪一响,还容易惊动敌人。这样一来,战士们又发起愁来,还有什么办法呢?

就在大家冥思苦想的时候,突然,通讯员徐达桂高声说:"我有办法了,咱们去捡田螺。"

"对呀,去捡田螺!"朱德高兴地拍着徐达桂的脸蛋说。战士们也都纷纷表示同意。于是,大家商定,第二天一大早都去捡田螺,中午会餐。

端午节这天,战士们个个起得很早。朱德、康克清和战士们一起有说有笑地来到田里。这一带的水稻田里田螺还真不少。

一个战士高声说:"总司令,到我这儿来,这边田螺最多。"另一个战士冲着康克清喊道:"指导员,我这里的田螺个大,一个得有半斤重呢。"

朱德和康克清边答应着,边低着头不停地捡着田螺。这时只见徐达桂手里拿着一个大田螺,向着朱德说:"总司令,快看看我这个田螺,足有三斤重!"

朱德抬起头看了看,然后逗趣地说:"那不成了田螺精啦!"大

家听了,一个个笑得前仰后合。

没过多久,大家的竹篓里就捡满了田螺。朱德不仅竹篓里装得满满的,连军装的口袋里也塞得鼓鼓的。

炊事班长老胡看到朱德和战士们一起捡来许多田螺,高兴地搓着手说:"这回我可以好好发挥一下手艺了。"

中午开饭的时候,每个班三个菜,有韭菜辣椒炒螺肉丝,有醋焖整田螺,还有一盆清燉田螺汤。平时,朱德和战士们同吃一锅饭,但一般都是打回去吃。这天,他和康克清同战士们一起聚餐,欢度端午节。

朱德看着桌上摆的菜,高兴地夸奖老胡:"你的手艺真高啊,用田螺做了3个菜。"

老胡嘿嘿笑着说:"这都是总司令启发的呀!"

朱德瞧瞧桌子上的菜,对大家说:"我们还少点什么呀!"

徐达桂脱口说道:"酒呀!"

朱德点点头说:"是呀,没有酒怎么行呢?"说完,他在徐达桂耳边轻声说了几句。徐达桂点点头,笑着跑进食堂,不一会儿,和老胡抬着一桶"酒"给每人倒了一碗。大家一喝,原来是茶,都笑了起来。

朱德笑着说:"过去有首古诗,里面有一句话,'寒夜客来茶当酒',今天我们就以茶代酒,庆祝端午节。"

大家吃着菜,喝着酒,聊着天,好不热闹。战士们还时不时地来和总司令干杯。朱德看着战士们,心里有说不出的高兴。他问坐在身边的战士:"今天我们坐在一起过端午节,可你们知道它的来历吗?"战士们有的摇摇头,有的说:"不知道。"

一个战士说:"原来在家的时候过端午节,只知道收成好的年头,母亲用糯米、苇叶给我们包粽子吃,还真不知道端午节是怎么来的。总司令,您就给我们讲讲吧!"

于是,朱德给大家讲起了端午节的来历。

战士们一个个听得出了神。

讲完了端午节的来历,朱德用慈爱的眼光看了看他身边这些纯朴可爱的战士,然后说道:"由于敌人的封锁,我们现在正处在十分艰苦的环境下,没有条件包粽子吃,就吃田螺过端午节吧。等将来革命胜利了,我们掌握了政权,再包粽子过端午节。"

　　战士们异口同声地说:"对!等革命胜利了,我们一定要好好地过端午节。"

活捉张辉瓒

共和国领袖故事

寒冷的冬日，朔风彻骨，而在红军总司令部的一间大屋子里，庆祝反"围剿"的胜利大会却开得热火朝天。特别是说到龙冈一战，敌前线总指挥兼第十八师师长张辉瓒被活捉，红军广大指战员无不振奋不已。

1930年底，蒋介石见当时的革命形势迅猛发展，全国已经出现了十几块革命根据地，特别是朱德、毛泽东领导的红一方面军日益发展壮大，感到大势不妙。为了消除心中的隐患和主要对手，蒋介石纠集了10万兵力，任命国民党江西省主席鲁涤平为总司令，国民党第十八师师长张辉瓒为前线总指挥，向我赣南、闽西中央革命根据地发动了猖狂的第一次反革命大"围剿"。

当时红军约4万人，面对敌强我弱的形势，朱德和毛泽东在红一方面军总前委多次讨论的基础上，最后制定了诱敌深入，歼敌于根据地的作战方针。

战前，红军在小布召开了军民誓师大会，会场上贴着一副醒目的大字对联：

"敌进我退，敌驻我扰，敌疲我打，敌退我追，游击战里操胜算；大步进退，诱敌深入，集中兵力，各个击破，运动战中歼敌人。"

这副对联，充分反映了红一方面军反"围剿"的战略思想。

朱德和毛泽东认真分析敌情后，决定第一仗先集中兵力，歼灭离红军主力最近、已被诱到中央苏区腹地的谭道源部第五十师,然后再打左翼的张辉瓒部第十八师。但是,老奸巨猾的谭道源见源头阵地附近没有部队接应,不敢孤军冒进,未到达红军设伏地域。

12月28日,当朱德和毛泽东得知张辉瓒部正向龙冈方向推进时,当即决定改变原作战计划,暂时不打谭道源师,第一仗先打张辉瓒师。并决定,留少数兵力在当地赤卫军、少先队的配合下,在黄陂、小布一带牵制源头、洛口、头陂等地之敌,集中主要兵力,于29日秘密分两路西进,在龙冈附近把孤军深入的张辉瓒师歼灭在运动中。

朱总司令给红十二军军长罗炳辉和地方武装负责人布置任务时说:"给你们一个特殊的任务,到龙冈去把张辉瓒'请'到咱们的口袋阵里来。在诱敌过程中,只许打败,不许打胜,明白了吗?"

罗炳辉和地方武装负责人高声回答:"明白!"

于是罗炳辉率领红十二军第三十五师会同地方武装出发了。

担负正面攻击敌人任务的是红三军。朱总司令亲自来到红三军,向全军指战员宣布战斗任务。他说:"谭道源溜了,张辉瓒来了。""总前委决定,你们红三军担任正面攻击。希望同志们努力打!要初战必胜。"他环视了一下大家后问:"有没有信心?"全体指战员齐声回答:"有!""坚决完成任务,打垮张辉瓒!"

一个战士高兴地说:"张辉瓒师可是老蒋手下的王牌师啊!抓住这条大'鱼',大家就能痛痛快快地过年了!"

战士们都愉快地笑了起来。

龙冈圩坐落在江西的永丰、吉水、兴国、吉安、宁都五县交界的地方,地形十分险要。后面是一座大山,前面是一条两丈来宽的河,河的对岸是一座坡度不大的小山,这里的地形十分有利于红军的隐蔽和集结。离龙冈圩东面不远处有个黄竹岭,是张辉瓒师东进的必经之地。

29日晚,朱德命令隐蔽在黄竹岭附近的战士和地方武装在山林里修筑工事,准备向敌人发起突然进攻。

30日清晨,大雾笼罩着龙冈山区。战士们在浓雾掩护下悄悄地进入了阵地。朱德和毛泽东等总部人员也进入了设在小别山上的红军指挥所。

大雾过后,龙冈山区晴空万里。红军居高临下,山下的情况看得清清楚楚。

上午9点左右,西北方向传来了阵阵枪声。过了一会儿,可以看到执行"钓鱼"任务的部队,沿着大路"败退"下来。敌人终于被引过来了。

当张辉瓒师先头部队戴岳旅进到小别村附近时,朱总司令一声令下:"打!"早已隐蔽在这里的红三军前哨部队用猛烈的炮火向敌人横扫过去。随后红三军第八、第九两个师,也从两翼向戴岳旅发起攻击。戴岳旅三面受敌,招架不住,急忙向张辉瓒求援。傲慢骄横的张辉瓒,认为戴岳旅遇到的不过是游击队,只派出一个团前去增援,还没进入阵地,就同戴岳旅一起被红军全部歼灭了。

29日到达龙冈的张辉瓒,错误地认为红军主力还在百里之外的黄陂、小布一带,对于红军的情况一无所知。他见龙冈的地形险要,还美滋滋地做起了一举消灭红军的美梦。他放心大胆地在师部的一间大瓦房里摆上宴席。正当张辉瓒和他的手下军官狼吞虎咽,喝酒划拳时,一个猴脸哨兵气喘吁吁地跑进师部,结结巴巴地说:"报……报告师长,有……有情况,红军下……下山了!"

张辉瓒眉头一蹙,张大嘴咬了一口鸡大腿,问哨兵:"是红军下山了吗?"

"是……是,山上还响枪呢……"猴脸哨兵哆哆嗦嗦地回答。

正在这时,敌军司务长领着一个手提两大串田鸡的中年农民走进大厅。张辉瓒见到农民手里提着两串又肥又大的田鸡,顿时眉开眼笑,问这个农民:"喂!这田鸡是山沟里抓的吗?"中年农民连忙点头。张辉瓒又问:"你要说实话,有红军来过这里吗?"中年农民不慌不忙地说:"老总,前三天见过几个扛鸟铳的红军到过圩上,自从老总来了以后就没见过了。"张辉瓒一听,"啪"地拍了一下桌子,然后冲着猴脸哨兵骂道:"混蛋,快滚开!有什么大惊小怪的!"说着又举起酒杯吃喝起来。

张辉瓒做梦也不会想到,那个中年农民是朱德派下山的红军侦察员,名叫李庆猷。红军主力围拢龙冈的同时,朱总司令派了一些部队朝山下放冷枪,以扰乱敌人,又派了一部分本地的红军战士,打扮成老百姓打入白区,侦察敌情。

李庆猷听说张辉瓒爱吃田鸡,就连夜捉了两串,来到敌师部门前转悠,果然被敌司务长叫了进去。由于李庆猷的衣着、口音、举止很像当地的农民,张辉瓒才没生疑。李庆猷一面暗暗观察敌师部周围的情况,一面慢慢地跟着敌司务长走进厨房,把田鸡放进缸里说:"老总,这田鸡不能长养……"敌司务长不耐烦地说:"快走,快走!今晚上就报销。"李庆猷赶紧沿着羊肠小道上山,向朱总司令和毛总政委作了汇报。

朱总司令听完他的汇报后,表扬他机智、勇敢。又交给他一项新的战斗任务:"部队发起总攻之后,由你带一个排,直插敌师部。"

"坚决完成任务!"李庆猷胸有成竹地答道。

12月30日下午3点左右,在朱德和毛泽东的指挥下,红军按预定计划,将龙冈圩包围得严严实实,张辉瓒部成了瓮中之鳖。

下午4点左右,总攻开始。李庆猷带领一排人悄悄摸到敌师部,拔掉敌岗哨,冲进师部,把住了电台,切断了敌人的联系。可是张辉瓒不见了。狡猾的张辉瓒,听到门外有动静,便跳窗逃跑了。

李庆猷摸着脑袋说:"奇怪了,难道张辉瓒还能飞出去?"

排长答道:"他肯定逃不远,赶快搜!"

战士们开始搜山,在一棵大枫树下,发现了一件毛茸茸的狐皮大衣,领口上写着"张辉瓒"三个字。于是大家在大枫树周围搜查起来。过了一会儿,两个战士在附近一个杂草丛生的土坑里,抓到了一个矮墩墩、肥头大耳的家伙。他上身裹着一件士兵棉衣,下身穿着一条毛哔叽裤子,自称是"书记官"。这时,李庆猷走上前,大喊一声:"张辉瓒!"吓得他浑身哆嗦。这个不可一世、一向耀武扬

威的"铁军"师长,没想到只一天的工夫,不仅全军覆灭,自己也成了红军的俘虏。

当张辉瓒被押到朱总司令的指挥部时,他故作镇静地问:"说吧,出多少钱你们放我?"

朱总司令轻蔑地一笑,答道:"你看错人了,我们不是做生意的。"

"那你们要把我怎么样?"

"我们要在被你残害的老百姓面前公审你!"

第二天,在永丰和宁都交界的一个山村里,举行了有上千人参加的公审大会。在广大群众的强烈要求下,枪毙了这个反共专家张辉瓒。

■ 红军活捉张辉瓒的地点——龙冈

红军无线电台的诞生

由于红军队伍日益发展壮大，原来靠军号、有线电话和通讯员的快马来传达命令、报告敌情的落后通信方法，时常贻误战机，已不适应红军发展的需要。红军广大指战员越来越感到无线通讯的重要。

1930年底，红军在龙冈歼灭张辉瓒师时，缴获了一部15瓦的无线电台。但是由于红军战士不知道电台是什么物件，更不知道它的用途，无意中把发报机弄坏了，只将一部收报机送到了红军总部。

朱总司令知道这件事后，非常痛惜，立即要红军总部通报全军：今后凡属缴获的战利品一律上缴，不得损坏。对于被红军俘虏的报务、医务等专业人才，要给予优待，量才留用。

当朱德听说原敌张辉瓒师电台台长王诤和工作人员刘寅等人参加了红军，十分高兴，马上叫人把他们找来。在红军总部所在地——江西小布龚家祠堂里，朱总司令和毛总政委热情地欢迎他们参加红军。

毛总政委首先向他们讲了红军与白军的本质区别，勉励他们今后要为建立红军的无线电通讯努力工作。

朱总司令充满信心地说："你们先把工作搞起来，不要看红军现在没有电台，无论大小武器装备，凡是白军有的，红军也会有，没

有的,敌人会给我们送来。没有人,我们可以训练,也还会陆续有人才从白军中来到红军。革命事业是会从无到有,从小到大发展起来的。"朱德还特别优待他们,送给他们"麻雀牌"香烟,每人还发给一条毛毯。使这些从白军过来的无线电人员深受感动。

朱德的预见很快成为现实。在龙冈大捷后的第四天,红军在东韶痛击谭道源师时,又缴获了一部电台。这次,红军战士把这件战利品完整无损地送到了红军总部。从此,红军有了自己的电台并很快成立了无线电队。

为了培养和训练红军的无线电通讯人员,当时从各军选调了十几名优秀的青年战士,开办了无线电技术训练班。毛委员曾亲自为第一期学员上政治课。

在第一期训练班开学那天,朱德总司令亲自参加开学典礼并作了动员讲话。他面带微笑地环视了一下这些年轻的战士,然后语重心长地说:"你们是红军的第一批无线电工作人员,今后就要靠你们传达命令、通报敌情,依靠你们架起空中桥梁,把一块块被分割的革命根据地连接起来,担子可不轻咧!我相信你们一定能够战胜种种困难,完成学习和工作任务。"停顿了一会儿,他加重语气说道:"要记住,在红军的字典里是没有'困难'二字的……"

参加训练班的学员虽然都是经过挑选出来的有点文化的战士,但靠他们肚子里的那点儿墨水还差十万八千里。如英文、电学等,过去连听都没听过。面对着布满密密麻麻导线的电路板和那些电子管、电阻、电容、变压器等等,真不知道该从哪儿下手。"太难了!"学员小曹因记不住那些无线电码,已经急得哭过几次了。后悔不该到这儿受洋罪,还不如到前线打仗,抓俘虏痛快呢!

由于着急上火,夜里又着了凉,小曹病倒了。

自从红军有了电台,朱德经常晚上到电台来视察,同战士们谈心。这天晚上,朱德刚到电台,听说小曹病了,他伸手摸摸小曹的脑门,"好烫呀!"他急忙走出电台,到附近山坡上采了一些草药,煮好了端到小曹面前,看着他喝了药,朱德坐到床边,拉着小曹的手说:"学习上遇到困难别着急,别泄气,想办法克服就是了。咱们红军战士,天不怕、地不怕,军阀豪绅不怕,蒋介石的'围剿'不怕,还怕那几个洋文数码吗?吞也要把它吞下去!听说你想上前线去抓俘虏,依我看,你应该先把这些洋文数码俘虏过来。你们要是能把这个新式武器掌握好,运用好,前线的战士们就能抓到成千上万个俘虏,不比你一个人去前线作用大得多?组织上把你们安排到这么重要的岗位上,相信你们一定能够战胜困难,完成任务。"

看着总司令亲自为自己采药、熬药,忙活了半天,小曹已深感不安,现在听了这番既有安慰、又带鼓励的话语,小曹羞愧地点点头,他立即从床上跳下来说:"朱总司令,我会永远记住你的话的,我该去上课了!"

无线电训练班的物质条件极其简陋,树阴作课堂,石板当桌子,电键不够用,学员们就用左手的大拇指作电键来练习。铅笔用到手指捏不住了,套上小竹管继续使用。就是在这样的艰苦条件下,红军培养出了一批又一批无线电通讯骨干。

朱总司令教育电台人员要勇于战胜困难,但是在生活上又尽量照顾他们。那时红军是没有夜餐制度的,从总司令、总政委到每个战士,每日都是5分钱的菜金,总部却规定电台值班人员可以吃夜餐,每月给他们几十块银元作技术津贴。后来,电台人员一致要求取消津贴,总部只是减少了钱数,津贴制度仍保留着。在团、营级干部取消配置马匹时,仍给电台配备了马。

王诤回忆这段历史时这样写道:"说起战胜困难,朱总司令处处是我们的表率。他穿着打补丁的衣服和自己打的草鞋,同大家一样吃糙米饭、南瓜汤,一起摸田螺来改善伙食⋯⋯那样艰苦的战争环境,一个红军总司令都甘之如饴,我们还有什么困难不能克服呢?"

第二次反"围剿"之前,红军的一部半电台还不可能建立两地之间的无线电通讯。朱德对电台人员说:"你们要尽快把电台架起来,抄收伪中央社的新闻电讯,特别是要注意收听敌军的无线电台

信号,以帮助总部了解敌人的动向。"

一天清晨,王诤跑到朱德处报告:"总司令,这几天敌台呼叫频繁,还出现了几个新呼号。"

朱德心里想着,国民党反动派要组织第二次"围剿"了。

朱德和毛泽东研究后决定,红军先打富田之敌。当我军集结到离富田约40里的东固地区后,朱总司令和毛总政委要求电台人员高度集中精力,侦听敌军的行踪。

电台人员不分白天黑夜,一分不停地捕捉着敌台出现的每一个无线电信号。

5月15日黄昏,王诤队长和小曹正在值班,耳机中终于收到富田敌公秉藩第二十八师电台同该师驻吉安留守处电台的通报。敌

■ 中央军委颁发给朱德的金质红星奖章

人很麻痹，以为红军根本没有无线电设备，照例用明码交谈。敌师部电台说："我们现驻富田，明晨出发。"

"去哪里？"敌吉安电台问。

"东固。"敌师部电台回答。

截获到这个极为重要的军事情报后，王诤立即派小曹将情报送到总司令部。朱总司令看后，高兴地拍着小曹的肩膀说："干得好啊！应当给你们电台的同志记一大功！"

总部根据情报，马上进行战前准备。

第二天，第二次反"围剿"的第一仗打响了。经过激烈战斗，下午，收报机听到公秉藩师电台发出的"SOS"紧急求救呼号。过了一会儿，王金钰师电台也急促地发出这一呼号，表明这一仗打得差不多了。

首战告捷，朱总司令和毛委员的脸上都露出了胜利的微笑。电台队长王诤还报告了大家一个好消息，我军又缴获了公秉藩师一部功率为100瓦的电台，比红军现在用的15瓦的电台功率大六七倍，报务员、机务员也都给俘虏过来了。朱总司令听后非常高兴，表扬了电台的同志们。

黄陂大捷

1932年底,蒋介石调集50万兵力,分左、中、右三路,采用"分进合击"的战术,对中央苏区发动了第四次"围剿"。

当时,在临时中央的错误指挥下,红一方面军几次强攻南丰城不克,担任红军总司令的朱德和总政委周恩来,在反复研究敌我情况后决定:迅速将我军主力部队撤出南丰,秘密转移,以第十一军佯装红军主力,向黎川方向前进。为了迷惑敌人,红军大造声势,敌陈诚果然信以为真,急忙命令罗卓英指挥的第一纵队由宜黄前进,南下黄陂。并命令第二纵队侧击黎川、建宁,第三纵队正面向黎川方向进攻,企图将我军主力消灭于黎川、建宁地区。为配合这次行动,敌第一纵队第五十二师和第五十九师准备由乐安,经蛟湖、霍源向黄陂进军,同从宜黄南下的第十一师会合。

朱德分析敌情后认为,敌五十二师和五十九师同敌其他部队相距较远,态势孤立。黄陂地区有一条30多里长的峡谷,是敌军必经之路。峡谷两侧,山连山,岭连岭,古树参天,有利于红军隐蔽集结。朱德和周恩来等人仔细研究后,决定利用有利地形,将4万多红军设伏在黄陂、登仙桥、摩罗嶂、霍源一带,采取诱敌深入、声东击西的战术,打一个大兵团伏击战。在苏区老百姓严密封锁消息的支持下,红军提前两天到达埋伏地点。

此时,敌第五十二师和五十九师正分头行进,两师之间被摩罗嶂大山所隔,联系协同,极为不便。

2月27日拂晓,天正下着毛毛细雨,朱总司令和周恩来总政委踏着泥泞的山路,来到前沿阵地了解情况。

当他们来到设在登仙桥右侧山头上的左翼指挥部时,朱总司令亲切地握着红一军团政委聂荣臻的手,询问说:"情况怎么样啊?"

聂荣臻答道:"敌五十二师从西北方向过来,现在已进入登仙桥地区,看来没有发现我们。"

朱德高兴地说:"我们的目的就是关门打狗,要先让狗进来,再关起门来打。因此,北面的部队要特别注意隐蔽,不能过早暴露。"这时,周恩来加重语气插话说:"这是这次战斗成败的关键。要告诉战士们,敌人进来时,一定要沉住气,放手让他们往前走。东面还有我们的许多部队,放过去的敌人是跑不掉的。"

朱德接着说:"要立即通知各部队,没有总部的命令,任何人不许放枪。"

时间一个小时、两个小时过去了,仍然不见敌人的踪影。战士们透过细雨,紧紧盯着谷口,个个眼珠子都累得生疼。

大约9点多钟,天空变得晴朗起来。在山头上能够清楚地望见敌人的大队人马不紧不慢地走来了,马蹄声也由远及近,时而还能看到敌军长官坐的轿子走过去。敌人确实是毫无戒备。

朱德和周恩来在总指挥部,手拿望远镜,密切注视着敌军的行动。下午1点左右,当敌第五十二师全部人马进入红军左翼部队的伏击地点后,朱总司令和周总政委相互交换了一下眼色,随即命令红军全线出击。

"叭!叭!叭!"三声清脆的枪响后,迫击炮声和机枪声搅在一起,顿时,寂静的山谷,好似山崩地裂,数万红军战士像山洪暴发般汹涌地向山下泻去,拦腰将敌军截成几段,分割包围,展开歼灭战。毫无准备的敌人,被打得晕头转向,一个个像热锅上的蚂蚁,东碰西撞,相互践踏,顿失抵抗能力。

共和国领袖故事

忽然,朱总司令从望远镜中观察到一股敌人在轻机枪的掩护下,正向大龙坪方向逃窜,他立即命令炮兵二营营长赵章成将那股敌人消灭掉。只听"轰"的一声炮响,赵章成的迫击炮弹首发命中敌群,敌五十二师师长李明应声落马,头部、腹部被炸成重伤,倒在地上不能动了。敌兵一见,顿时吓蒙了,随着一发发炮弹在敌群中"轰"、"轰"爆炸,敌兵更加混乱不堪,嗷嗷叫着,东奔西跑,溃不成军。

经过3个小时的战斗,敌五十二师师部和一五四旅的一个团被歼。第二天早晨,红三军团将五十二师前卫部队一五五旅歼灭于桥头。接着,又在红一军团协同下,将敌一五四旅主力歼灭于蛟湖。敌第五十二师全军覆灭。

在我军于黄陂峡谷痛歼敌五十二师的同时,敌五十九师师长陈时骥正率领部队从霍源向黄陂进发。

进入苏区几天来,陈时骥时常烦躁不安,红军主力不但没找到,还经常受到出没无常的小股游击队的骚扰和奇袭,致使他的部队不得不处处设防,天天露营,疲惫不堪。

陈时骥带领敌军越往山谷深处走,越感到这里地势险要,怕中了红军的埋伏,就派了一个尖兵连先行,在山谷里放了一阵枪。尖兵连闹腾了一阵儿,见没有什么动静,就派人向陈时骥报告,没有发现红军。

陈时骥听后,哈哈大笑起来,他一边翻身上马,一边得意洋洋地说:"听说朱德很会用兵打仗,这么好的设伏地点……"然后一挥手,命令部队:"放心大胆地前进!"

就在敌军耀武扬威地向山谷中行进的时候,朱德、周恩来见敌五十九师已进入我军设伏圈,便命令埋伏在两侧山坡上的红军右翼部队红五军团、红二十二军、红十二军迅速冲下山去。

早已憋足劲儿的红军将士,在机枪声中猛虎般地冲下山去。立即将敌五十九师截成数段,压到谷底,展开了激战。

陈时骥一看,大势不妙,立刻跳下马来,一面命令后卫三五一

■ 宜黄县黄陂蛟湖

团主力和独立团转入防御,期望得到增援部队的支援,一面亲自率领一七五旅主力向前增援,负隅顽抗。在我军优势兵力的打击下,28日晚上7点左右,红军相继占领了云峰山、军山等地,敌五十九师大部被歼灭。在红三军团一部的配合下,于霍源地区又截断了敌人的退路。

陈时骥眼见败局已定,慌忙命令自动步枪在前面开路,利用夜幕掩护,率领残部向蛟湖方向逃窜,企图与李明指挥的五十二师会合。待逃到蛟湖附近时,陈时骥发现第五十二师已被红军歼灭,于是又仓皇转向乐安方向逃窜。

朱德早就防备着敌人会有这一手,事先布置了红一军团准备截击五十九师逃窜之敌。3月1日上午,当逃兵窜到登仙桥东北地区时,被早已准备好的红一军团歼灭。敌师长陈时骥也没能逃脱出去,成了红军的俘虏。

在朱德总司令和周恩来总政委的指挥下,仅仅黄陂一仗消灭了敌人两个师,俘虏师长2人、官兵1万多人,缴获上万支枪、几百挺最新式的捷克机关枪。

黄陂大捷,极大地鼓舞了红军的士气,给国民党反动派的第四次"围剿"以致命的打击。

智斗张国焘

共和国领袖故事

1933年下半年,蒋介石先后调集100万军队向各革命根据地进攻。由于"左"倾错误的进一步发展,第五次反"围剿"失败,红军被迫离开瑞金开始长征。1935年6月中旬,红一方面军在毛泽东、朱德、周恩来等人的率领下,到达川西北懋功地区,同张国焘领导的红四方面军会师。

6月26日,中共中央政治局在两河口举行扩大会议,讨论一、四方面军会合后的战略方针,提出集中主力向北进攻,建立川陕甘根据地。相继制订了利于红军北向作战和发展的"松潘战役计划"和"夏洮战役计划",但均因张国焘延误而坐失战机。中央军委遂决定:一、四方面军混合编组,分左、右两路经草地北上。毛泽东、周恩来、徐向前随中共中央和前敌总指挥部率领右路军从毛尔盖出发,向班佑、巴西地区开进。红军总司令朱德、总政治委员张国焘率左路军经阿坝北进。红军总参谋长刘伯承随左路军行动。8月15日,左路军从马尔康马塘、卓克基出发,向阿坝地区推进。从此,朱德与共患难多年的毛泽东、周恩来暂时离别,开始同张国焘共事。朱总司令在漫漫长征路上,与张国焘分裂党、分裂红军的南下退却错误行为进行了坚决斗争。

8月下旬,左路军跨过草地来到阿坝附近的噶曲河边。这时右路军已到班佑、巴西地区,正等待左路军前去会合一同北上。但是,张国焘借口河水上涨,难以通过,在噶曲河畔按兵不动。朱德心急如焚,来到噶曲河边让警卫员骑马下去走走,试试河水深浅。虽然当天下了一场暴雨,但河水只略有上涨,最深的地方也不过齐马肚子,警卫员骑马过河又返了回来。经过亲自实践,朱德认为部队完全可以过河。他找到张国焘提出要按计划过河北上向右路军靠拢。为此事二人发生激烈争执。朱德说:我是一个共产党员,要服从中央,不能同意南下。张国焘仍是拒不北上。中央也一再来电,指出只有北上才有出路。张国焘却谎称河水上涨无法通过。9月8日,张国焘突然电令前敌总指挥部,命令"一、三军团暂停向罗达前进,右路军即准备南下"。毛泽东、周恩来等得知这一情况后,联名致电张国焘,严肃指出:左路军如果向南行动,则前途将极端

■ 两河口全景

不利,应在阿坝、卓克基补充粮食后继续北进。朱德、刘伯承看了电报后,再次催促张国焘北上。张对中央的指示不但置之不理,反而在9月9日密电右路军前敌指挥部陈昌浩,要部队南下,而且指示部队,如中央不同意南下,就"彻底开展党内斗争",企图加害党中央。右路军参谋长叶剑英看到电报后,立刻向毛泽东报告。中央领导人立即召开紧急会议,为避免红军内部可能发生的冲突,贯彻北上方针,决定率一、三军团和军委纵队移师北上。11日,中央致电张国焘,指令张总政委立即命令左路军向班佑、巴西开进,不得违误。张国焘无视中央的指令,12日,亲拟电报致一、三军团领导人声称:"一、三军团单独东出,将成无止境的逃跑",要一、三军团"速归",南下"首先赤化四川"。朱德断然拒绝在这个电报上签字。

此时,左路军从噶曲河折回阿坝。张国焘对朱德进行了残酷斗争和迫害。9月中旬,张国焘经过秘密策划在阿坝召开中共川康省委扩大会议。会议期间朱德带了一本书,他用低头看书以示抗议。张国焘在会上叫嚣,毛儿盖会议是错误的,北上是行不通的,还是要南下。一些受蒙蔽的人也跟着大喊大叫。他们逼朱德承认中央的路线是错误的。在大是大非面前,朱德大义凛然,毫不畏惧,严肃地说:"中央北上抗日的决定我认为是正确的,我是赞成的,拥护的,我是举了手的。北上才有出路。你们一定要南下我也没办法,但南下是没有出路的。"朱德语音未落,会场里吵得更凶,有人还逼着朱德发表声明反对毛泽东、党中央北上。刘伯承实在看不下去了,大声说:"你们怎么能这样对待朱总司令。"有人高喊:"既然你拥护北上,那你现在就走,快走!"朱德意识到张国焘想把他逼走,以便更加随心所欲地推行他的错误路线。为了执行中央的正确路线,争取和教育更多的人,朱德决定留在左路军同他们斗争。朱德说:"北上决议,我在政治局会议上是举过手的,我不能出尔反尔。我是共产党员,我的义务是执行党的决定。我是中央派到这里工作的,既然你们坚持南下,我只好跟你们去。"会议在张国焘的操纵下,通过了"决议",污蔑红军北上是"右倾逃跑"、"机会主义",认为南下才是进攻路线。走出会场时,朱德气愤地对刘伯承说:"不管怎么斗,我们还是要跟毛泽东干革命嘛,事情总会搞清楚的。"

张国焘不听党中央和朱德等人的劝告,政治野心恶性膨胀。10月5日,朱德参加了在松岗卓木碉召开的高级干部会议,张国焘在会上宣布另立"临时中央",朱德与这种公然分裂党、分裂红军的行为进行了针锋相对的斗争。当张国焘要朱德表态时,朱德语重心长地说:"大敌当前,要讲团结！天下红军是一家。中国工农红军内部问题,大家要冷静,要找出解决办法来,可不能叫蒋介石看我们的热闹。"同时表示：党是一个整体,不能分裂,红军行动应按党中央的决定执行。中央只能有一个,那就是遵义会议确立的中央,另外成立中央是非法的,不能允许。张国焘为了支撑伪中央的门面,强加给朱德、刘伯承许多头衔,他们坚持不受,拒绝承认伪中央,呼吁红军要团结一致,共同打击敌人。随后,张国焘多次强迫朱德公开反对党中央,要他断绝与毛泽东的一切关系。朱德说:"你可以把我劈成两半,但是你绝对割不断我和毛泽东的关系。"

10月19日,毛泽东、周恩来率右路军到达陕甘苏区的吴起(今吴旗)镇。11月初同徐海东、程子华、刘志丹指挥的红十五军团会师,在直罗镇歼敌1个师又1个团。朱德亲自向指战员传达了红军取得胜利的消息。1936年1月22日,中共中央电令张国焘取消非法组织,迅速率部北上。6月上旬,经过中共中央和朱德、刘伯承、徐向前等红四方面军广大指战员的坚决斗争和劝说,张国焘被迫宣布取消"第二中央"。7月初,红二、红六军团和红四方面军在甘孜会师。朱德、任弼时、贺龙、刘伯承、关向应等促使张国焘北上。7月5日,中央军委下达由红二、红六军团组成红二方面军的命令。朱德根据中央部署,同张国焘研究二、四方面军共同北上会师问题,张国焘借口敌情发生变化拒绝北上。

共和国领袖故事

■ 朱德在甘孜的驻地——孔萨大楼

朱德非常严肃地说:"我们必须迅速行动,北上与中央红军会师才是唯一正确的出路。"由于朱德和四方面军一些领导人对张国焘西进方针的抵制和斗争,经过党中央和军委的耐心说服,张国焘也看到了在兰州以西渡河困难,被迫同意四方面军北上同一方面军会合。10月10日,朱德同红军总部及四方面军总指挥部到达会宁,同一方面军会师。

1935年6月至1936年9月,以毛泽东为代表的党中央针对红军是北上抗日还是退却南下这个关系革命前途的重大问题,同张国焘分裂党和红军的错误行为进行了坚决斗争。在这场斗争中朱德为维护党和红军的统一与团结,为红军三大主力的会师做出了重大贡献。毛泽东在与陈毅谈到红军长征途中同张国焘右倾分裂主义路线作斗争时,曾无限深情地说:总司令当时斗争得有理、有节,临大节而不辱。度量大如海,意志坚如钢。

■ 1936年红军长征到达陕北后朱德与毛泽东合影

智斗张国焘

炉霍播种

炉霍，位于四川西北部达曲河、尼柯河汇合处，是藏族同胞聚居的高原小镇。

1936年春，在战胜了张国焘的分裂活动之后，朱德率领左路军重新北上，二过草地，抵达道孚、炉霍、甘孜地区。朱德与红军总部驻在炉霍。为了策应红二、六军团北进，总部决定在这里休整一个时期。

由于反动土司、喇嘛和国民党反动分子的造谣煽动，不明真相的藏胞，在红军到来之前，纷纷躲进深山。当部队开进炉霍时，镇里冷冷清清，找不到一个藏族老乡，只发现几户人家中，有来不及带走的牛和羊。

朱德来到镇口，侧身下马，走进镇里，仔细巡视着这里的一切，不时举起手中的望远镜认真察看远方的群山。他凝视着这座荒凉的小镇，心情难以平静。根据这里的情况，朱德立即召集各部队的负责人，宣布四项规定：一、尊重当地的风俗习惯；二、爱护藏胞的一草一木；三、在藏胞没有回家之前，不准进他们的屋子；四、看管并喂养好藏胞留在家中的牛羊。同时，要求大家加强政治思想工作，严格执行党的民族政策，用实际行动教育感染藏族同胞。

部队边休整边等待藏胞归来。时间一天天过去了，依然没有一个藏胞回来。朱德站在镇口不时遥望远处的群山。炉霍袭人的春寒更使他坐立不安。他对总部的其他首长说："现在天气还比较冷,躲在深山里的藏族同胞的吃、住一定很困难,时间一长怎么受得了?红军决不能让他们在深山里受苦,我们不能光等着,应该主动做工作,让他们尽快回到自己的家里。"朱德当即决定派几个同志带着"通司"(给红军带路和做翻译的藏胞)上山寻找藏胞,并亲自找"通司"谈话,请他们协助红军把藏族同胞找回来。

送走上山的同志,朱德又到连队看望战士。一路上,山间田野的一股股浓郁清新的泥土气息扑面而来,环顾四周,春意越来越浓,脚下的土路也变得潮湿而松软,树枝上鼓起点点幼芽,树丛里不时传来阵阵的鸟声;涓涓细流淌进炉霍的鲜水河里,春天已经悄悄地来到川北高原。朱德望着一片片高低不平的土地,自言自语道："春耕时节到了,该播种了,藏胞还没回来,这地还荒着!"他陷入了沉思。

傍晚,朱德回到总部。上山的同志回来汇报说:在山上虽然看到一些藏胞,但不等与他们接近又跑远了,有几个地方还放冷枪恐吓我们。听到这里,朱德心里非常着急,立即与总部其他首长商量,决定:一方面继续组织人上山喊话,宣传党的民族政策,争取早日把藏胞劝说回来;另一方面,在他们回来之前,组织力量把地种上。他连夜布置了生产任务。

第二天,在总部机关动员大会上,朱德满怀激情地说："春播的时候到了,人误地一时,地误人一年。现在,藏族同胞对我们还不了解,暂时不能回来种地,我们能眼看着春播的大好时节从眼皮底下溜过去吗?不能!这一季种不上,藏胞们将来吃什么呢?我们和藏胞是兄弟,是一家,我们要帮助藏胞把地种上,而且要种好,这是我们的义务和责任。虽然我们不久就要离开这里,但我们要把共产党的温暖和红军的影响留下,让它像种子一样,在藏族同胞的心中发芽、生根、开花、结果。让我们立即行动起来吧!"

朱总司令的动员,激励着每一个指战员。会后,有的准备工具,有的筹集种子,山上山下,田间地头,到处是红军战士的身影,

回荡着愉快的欢歌笑语,描绘着一幅极为壮观的高原春耕图。

一天,朱德来到田间。只见他身穿洗得发白的灰布军装,外罩一件穿了多年的羊皮短袄,裤子缝着补丁,打着绑带,脚穿自制的牛皮草鞋,来到战士中间。他一边向同志们打着招呼,一边仔细查看深翻之后平整过的土地,满意地说:"干得不错嘛!像庄稼人干的活,干活就是要讲究质量,活儿干好了,庄稼长得好,藏族兄弟才能多打粮食呀!"说着话,他脱去身上的短皮袄往地头一扔,拿起镢头同战士们一道干了起来,不知不觉就平整了一大片土地。同志们见他岁数大,事又多,怕他累着,硬拉他休息。可是,不一会儿,他又出现在另一块地里,那里又传来一阵阵欢快的笑声。在那些日子里,他白天拿着镢头,奔走在田间地头,指导着春耕工作,把许多事情留在晚间处理,常常工作到深夜。炉霍周围的土地上,到处留下朱德的足迹,它凝聚着党的政策,寄托着总司令对藏族人民的深情厚谊。红军指战员亲手播下的种子,在湿润的土地里慢慢吐出嫩芽。

与此同时,朱德还时刻挂念着躲在深山里的藏族同胞。为了加强上山喊话宣传的力度,朱德下令从总部机关抽出部分同志组成宣传组,让他们向"通司"学习一些宣传用的藏语,然后分成若干小组分头上山宣传。出发前,朱德逐条审阅宣传口号,并勉励大家要特别注意党的民族政策,要耐心、细致、圆满地完成这项特殊任务。

上山进行宣传动员工作的同志克服了重重困难,宣传我党的民族政策和红军的革命纪律。炉霍镇上生龙活虎的情景很快被山上的藏胞知道了,有些胆子大的人,怀着半信半疑,忐忑不安的心情下了山。进了镇子,眼前的一切使他们不敢相信,地里的青稞吐着新芽,屋里的陈设原封未动,而红军战士却在街头露宿。所有这一切,揭穿了敌人散布的谣言,消除了他们对红军的误解,驱散了心中的疑虑。

朱德听说有藏胞回来了,非常高兴,再三嘱咐要热情接待,继续做好宣传工作。红军战士遵照朱德的指示,把藏胞带到地边,请他们提意见。看着一垄垄、一块块平整的田地,藏胞们伏下身子,捧起散发着芳香气味的泥土,脸上淌下百感交集的热泪。突然有个年轻的藏胞飞快地朝山上跑去,一会儿山谷里传来隐隐约约的呼唤声,紧接着,山坡上出现了一个个黑点,那黑点越来越多,越来越大,越来越近,藏胞们欢呼着向镇子跑来。顿时,炉霍沸腾了,返回家园的藏胞被眼前的一切深深打动了。他们顾不得走进自己家门,就牵着奶羊,提着茶壶,拥到红军驻地,一个个跷着拇指不住地说:"红军,耶莫(真好的意思)!红军,耶莫!"说着,把一碗碗酥油茶送到红军战士手上,红军战士与藏族同胞沉浸在幸福欢乐之中。

不久,红军结束休整,准备离开炉霍向甘孜进发。藏族同胞看到红军要走,纷纷从各处涌到路旁,用当地最隆重的仪式为红军送行。部队渐渐走远,但送行的藏胞还站在镇口,不住地向红军挥手告别。

长征是宣言书,长征是宣传队,长征是播种机。红军播下的种子在高原小镇炉霍发芽、扎根。

草地晚餐

共和国领袖故事

1936年7月,朱德总司令等率红四方面军与红二方面军组成的左路军,正艰难地穿越四川甘孜地区的大草地。

在渺无人烟的茫茫草原上,饥饿伴随着每一个人,吃饭是个最大的问题。红军战士没有足够的粮食,只能四处寻找野菜、树皮充饥。

一日下午,天空一片晴朗,这是过草地时难有的好天气。经过半个多月长途跋涉的红四方面军总部和党校几百名同志组成的队伍,走过了第一段旱草地和第二段水草地,到达水旱相连的边缘地带,正准备在一个草坡上宿营。这时朱德来到他们中间,他身穿灰色粗布军装,脚穿草鞋,背上背着一个斗笠和一个公文皮包,手中拉着一个两头已磨得非常光滑的棍子,站在草坡上,一边招手一边高声喊:"同志们快来呀,告诉你们几个好消息。"霎时,大家都赶过去围在草坡旁。朱德兴奋地说:"第一个好消息,党中央、毛主席领导的北上红军和陕北的红军打了大胜仗啦!"话音刚落,草地上响起了暴风雨般的掌声和欢呼声,振奋人心的喜讯,使整个营地沸腾起来。接着他说:"第二个好消息是,我们已经走过了最艰难的水草地,而且还有先头部队送来了一头牦牛。"听说有牦牛,很多人惊喜地叫了起来。当时部队每日两餐,每餐仅有二两左右的炒面泡水充饥,在如此困苦的情况下,居然有牦牛,怎不叫人高兴。战士们很快想到把牦牛杀了,美美地吃一顿牛肉多好啊!可转念又想,一头牛怎么够几百口人吃呢?朱德见大家一时不做声,笑着问:"你们是不是想吃牛肉,还嫌一头牛少了啊!"总司令一下子就把战士的心思猜中了,经这一问,大家都咧嘴笑了。朱德不由得轻轻

■ 红军战士保存的过草地时吃的野菜

地说:"不行啊,同志们,不能一顿吃了,我们带的粮食越来越少,还有更大的困难在后面哩!"停了一会儿,他提高嗓门高声说:"同志们,过日子要有个长远打算,不能光看到鼻子尖上。宁愿顿顿缺,不愿一顿无啊!我们四川老家有句俗话:有了一顿充,没有了敲米桶。我们可不能那样啊!"这话引起战士们一番议论,为自己刚才的想法感到惭愧。纷纷表示应把牦牛留下,留到最困难的时候。朱德用征求意见的眼光,看了看周围的战士,又说:"我的意见是把牛杀了,留下牛皮牛肉做干粮,牛骨头拿来炖野菜,营养好得很,这是我们今天最好的晚餐,大家说好不好啊!"

"好!同意!"战士们的声音在草地上回荡。紧接着大家纷纷奔向草地挖野菜。总司令也来到几个女战士身边同她们一起挖野菜,并向她们介绍各种野菜的名称、形状、特征、生长期和味道。他一面细心地寻找野菜,一面了解周围同志的工作、思想、家庭情况,分析当前国内形势,教导战士如何对待困难,如何忍受生活的严峻考验。草地上的野菜并不多,挖了个把钟头,每个人弄到一小把,洗干净后集中到炊事班。

傍晚,草地上燃起一堆堆篝火,几口行军锅一字排开,红色的火焰使一块块骨头在沸腾的锅中翻滚,阵阵微风将喷香的牛肉味飘向四方。开饭的哨声一响,战士们向炊事班拥来,大家谈笑着、赞美着。

共和国领袖故事

朱德和战士们一样,分到一碗野菜,同总部几个警卫员一起蹲在草地上津津有味地吃着。他边吃边称赞野菜的味道。大家吃着谈着笑着,一时间草地变成了一个又高又大的露天餐厅。然而野菜毕竟是野菜,吃到嘴里总是苦涩的,难以下咽。这时,一个年轻的警卫战士端着一碗稀稀的大米粥,走到朱德身边,轻声地说:"首长,您吃这个吧,野菜留给大家吃吧!"总司令瞧了瞧粥碗,皱着眉头问:"这是哪里来的米?"警卫员不安地说:"先头部队送牦牛时,顺便捎来一点点大米给您熬粥喝。"朱总司令温和地说:"给那边几个病号送去吧,我吃牛骨头煮野菜,营养好得很。"他边说边夹着野菜往嘴里送。他吃得是那么香甜,没有丝毫难咽的样子。

警卫员尽管心里舍不得将稀粥让给别人,但还是向病号那边

■ 朱德率左路军往返三次经过的草地

走去。几个病号听说是朱总司令让送来的，都非常感动，但谁也不肯吃，都说自己不想吃。粥碗在总司令和病号间，端来送去好几趟，相互间都强调对方需要吃粥的理由，弄得警卫员不知所措，脸涨得通红，急得几乎要哭起来。战士们见到这种情景，心里既激动又着急。这时康克清来了，当她明白了面前所发生的事情后，接过粥碗对朱德说："老总，你就尝尝吧，你不吃他们是不会吃的。"说着用勺子盛上两三口粥倒在总司令的碗里，把其余的粥分给了四个病号。朱老总喝完碗里的粥，将碗举起来向着病号说："我已经吃完了，同志们快吃吧！"

雪皑皑，野茫茫，高原寒，炊断粮。红军都是钢铁汉，千锤百炼不怕难。雪山低头迎远客，草毯泥毡扎营盘。风雨侵衣骨更硬，野菜充饥志愈坚。官兵一致同甘苦，革命理想高于天。这些词句，正是红军战士战胜雪山草地和一切艰难险阻的真实写照。1936年10月，历尽艰辛的二、四方面军，在朱德的率领下，终于和前来迎接的一方面军在甘肃会宁胜利会师。

诚挚的友谊

共和国领袖故事

1937年1月的一天,史沫特莱从上海赶到延安。当天晚上,史沫特莱会见了慕名已久的红军总司令朱德。她坦诚地恳请朱德,把一生经历讲给她听,以便撰写一部朱德传记。她说:"因为你是一个农民,在中国的十个人当中有八个是农民。而迄今为止,还没有一个农民向全世界谈到自己的经历。如果你把身世都告诉了我,也就是中国农民第一次开口了。"

朱德听罢,谦逊地笑着说:"我的生平只是中国农民和士兵生平的小部分。等一等,你先到各处走走,和别人见见面,再作决定吧!"史沫特莱接受了建议,在延安采访了许多人,搜集了大量有关朱德富有传奇色彩的素材。这样一来,更加坚定了她写朱德传记的想法。在她一再要求下,从3月起,朱德向她叙述了自己的经历。

当时,正值日寇加紧侵华的严重时刻,朱德整日忙碌,每星期只能抽出两三个晚上接受采访。

7月7日,抗日战争全面爆发。8月,朱德作为八路军总司令奉命率部队开赴山西抗日前线。史沫特莱的采访中断了。这年10月,她背起行装,辗转跋涉,历尽艰辛,到达八路军总部所在地——五台县南茹村,继续她的采访工作。随着战局的变化,八路军总部向南移动。强烈的责任感让史沫特莱做出了随军采访的决定。她要通过自己的亲眼所见,向世界介绍八路军将士英勇抗日的战斗生活,为撰写朱德传记搜集到尽可能多的材料。

1938年初,日军不断地向山西增兵,形势愈加严峻。朱德、彭德怀、任弼时考虑到部队经常转移,耐心地劝说史沫特莱离开山西去汉口。她执拗地不肯离去,并说:"不管你们到哪儿,我也要去;你们住哪儿,我也住哪儿。到汉口会叫我精神上死亡的。我在八路军里度过的日子是我有生以来仅有过的幸福日子,只有在八路军里,我才找到了思想上和精神上的安宁。"经过再三规劝,她依依不舍地离开了朝夕相处的八路军将士。

1941年,史沫特莱因病返回美国治疗。在此期间,她把访问朱德的记录稿带在身边,并时时关注着中国军民的抗战进程。朱德没有忘记这位诚挚、热情的美国朋友,于1944年8月14日,致信史沫特莱,兴奋地告诉她:在你离华期间,中国发生了很大的变化。陕甘宁边区的农业和纺织业生产取得了很大成绩,和国民党统治区比较,边区的人民可以保证吃得好些,穿得也好些。我军在前方作战虽仍很艰苦,但又收复了1941年、1942年被日军占去的土地,抗日根据地比以前扩大并且更加巩固……在中国正像在世界各地一样,潮流是朝着人民胜利的方向前进的。并希望她再一次到中国来。

1945年夏,疾病缠身的史沫特莱从纽约来到萨腊托加—斯普林斯镇附近的耶多庄园,开始《伟大的道路》一书的写作。为了使素材更加翔实,她写信给朱德索取资料。1946年7月1日,朱德在复信中写道:我很感激地了解到,你想花费一些精力写我的生平,应当说,我的生平仅仅反映了中国农民和士兵生活非常少的一部分。是否值得你花费时间,我表示怀疑。由于你那样地坚持并已着手写作,我也只能答应所求。随函附上尚未发表的刘白羽先生所写的《朱德传》的部分草稿、《长征》故事两卷以及我从抗日战争到目前为止的部分写作。倘需其他材料,我将乐于照办。

1946年12月,朱德六十寿辰时,史沫特莱写信给朱德说:现在

■ 1937年10月,朱德与史沫特莱在山西五台山八路军总部驻地合影

我们所有的人都在尽最大努力为中国工作,但是目前在美国进行这一工作是很艰苦的。我将去美国许多城市讲演,也就是说,在一段时间内,我将中断好几个星期写书的工作。

1949年1月,史沫特莱完成了朱德传记《伟大的道路》的初稿。10月,当她从广播中听到新中国诞生的消息时,兴奋不已,怀着无比激动的心情写信给朱德:我已经知道新的中国政府终于成为现实,世界再也不会是老样子了。我活到亲眼看见我最大的愿望实现了……我希望您和毛(泽东)还有30岁,但是,我也知道在你们的前头仍有很多岁月。假如哪一天我能重返中国,我一定要亲一亲它的土地。

深秋时节,史沫特莱抵达伦敦,计划在那里完成《伟大的道路》一书的修订,而后到中国去进行第二卷的写作。她在与友人聚会时真诚地表示:我将申请加入中国籍,倘若我能成为中国公民,将是一生中最大的荣耀。然而,1950年5月6日,无情的胃癌夺去了她的生命。

史沫特莱在遗嘱中写道:我特别要求将我的遗体火化,把骨灰运交朱德将军,请他把它埋葬在中国的土地上……我希望我的骨灰能和许多中国革命烈士放在一起……我写作所得的款项均请交给中国人民解放军总司令朱德将军,他可以运用这笔款子,把它用在建设一个强大和自由的中国上。

　　在血与火的洗礼中,朱德和史沫特莱建立起了诚挚的友谊。朱德遵从她的遗愿,于1951年5月6日史沫特莱逝世一周年之际,将这位与中国人民同甘共苦12载的美国友人的骨灰安放在北京八宝山革命公墓,并亲自为墓碑题词:"中国人民之友　美国革命作家　史沫特莱女士之墓"。

伫马太行

共和国领袖故事

1937年7月7日的卢沟桥事变,标志着中国抗日战争全面爆发。为抗击日本帝国主义的侵略,挽救中华民族于水深火热之中,国共两党实现第二次合作。8月25日,中央军委正式宣布红军更名为国民革命军第八路军,朱德任八路军总司令。随后,朱德率部东渡黄河,奔赴抗日前线。

八路军下辖一一五、一二○、一二九三个师,林彪、贺龙、刘伯承分任师长。一一五、一二○两师当时开赴华北前线。9月6日,朱德率八路军总部从陕西云阳镇东进。在云阳镇大操场举行的八路军总部出师抗日誓师大会上,朱德慷慨领读了《八路军出师抗日誓词》,发出"为了民族,为了国家,为了同胞,为了子孙,我们只有抗战到底"的心声。宣誓完毕,抗日将士踏上征途。朱总司令骑在战马上,缓缓举起右臂,向送行的父老乡亲致以庄严的军礼。

9月16日,总部抵达陕西韩城县芝川镇黄河渡口,滔滔河水奔腾咆哮。朱德、任弼时、邓小平、左权等同志站在黄河岸边,从容指挥大军东渡。在波涛汹涌的河面上,滚滚激流中,一只只木船满载着八路军将士,顽强地向东岸前进,开赴抗日前线。

由朱德、彭德怀、邓小平参加的八路军总部军事会议在山西五台县南茹村举行。会上,朱德做出了"兵分两路,迎战日寇"的部署。他命令贺龙率领一二○师驰援雁门关;林彪率一一五师,从侯马出发,沿同蒲路日夜兼程,向平型关急进,迎击进犯之敌。同时,他科学分析战局,指出:目前在山西局部战区内,敌强我弱,要想处处防守,势必处处被动。我们以劣势武器要战胜现代化强敌,在战术上,就必须善于灵巧机动地使用兵力与兵器。要发挥自己旺盛的攻击精神,选择有利的阵地与时机,从侧面、后面,抓住敌人弱点,集中优势力量,采用秘密、迅速的动作,出其不意,突然攻击,进行肉搏,以坚决消灭之。

面对作战地图,朱德、彭德怀等运筹帷幄,统领战局,向各部队发出战斗命令。山西平绥线上,日军精锐板垣师团向平型关逼近,第二战区司令长官阎锡山紧急求援,朱德令林彪率一一五师立即向平型关、灵丘间出动,相机侧击向平型关进犯之敌。彭德怀命令:师直属队及独立团,立即向灵丘以北出动阻击敌人,保障一一五师的行动。

■ 朱德(左三)等率八路军主力东渡黄河,奔赴抗日前线

共和国领袖故事

■ 朱德在华北抗日前线

9月24日深夜,一一五师主力根据总部命令,在黑夜中冒着倾盆大雨向平型关以东前进。25日拂晓前,抢占制高点,冒雨设伏。7时许,日寇进入我军伏击圈。顿时,冲锋号声响彻云霄,我军将士如下山猛虎、出水蛟龙,人人奋勇,个个争先,将日军分割包围。经过一天的激烈战斗,歼敌1 000余人,击毁汽车百余辆,缴获大批军用物资。取得了抗日战争以来中国军队的第一次大胜利,打破了日军"不可战胜"的神话,遏制了敌军的进攻,振奋了全国军民抗战胜利的信心,举国欢腾。26日,朱德赶往战地,在硝烟未尽的战场参加总结此次作战的经验教训,嘉奖参战将士。

平型关战斗结束后,朱德根据中共中央关于创建以太行山为依托的晋冀豫抗日根据地的指示,率领八路军总部星夜离开五台县南返临汾,经洪洞、安泽,向太行山区挺进。1938年2月,日军一路由太行南下,一路由东阳关西进,兵分两路大举进犯晋南,夹击临汾,伺机渡黄河进攻陕甘宁根据地。春节过后不久,朱德和左权率领总部带两部电台离开洪洞县的马牧村向太行前线移动。随行除十来名总部工作人员外,只有警卫通讯营的两个连200多名战士。当行至安泽县时,战局发生突然变化,日军精锐苫米地旅团突然进入良马镇,企图夺取临汾、潼关,进攻西安。若日军长驱直入占领临汾,将对整个战局十分不利。面对突然进攻的敌人,临汾军民没有足够的思想准备,军政机关亦来不及组织撤离,形势万分危急。毛泽东电示朱德:进入府城之敌欲用间进急趋手段袭占临汾,应于临汾府城之间,正面迎击顿挫该敌,否则临汾不守,有牵动大局之虞。必须使用全力歼灭府城西进之敌。总司令以大局为重,不顾个人安危,决定以身边仅有的两个警卫连应战,阻击从东面进攻临汾之日军,尽量迟滞敌军。他和左权率少数部队赶到临屯公路古县以东的府城镇(今安泽)外,构筑工事,阻击敌人。他们打退了敌人一次又一次的疯狂进攻,阵地前尸横遍野,阵地内死伤不断。当东路日军探知在正面阻击他们前进的是威名赫赫的八路军总司令朱德和他的少数警卫部队时,兴奋不已,当即出动十几架轰炸机,企图一举炸平总部驻地古县镇。由于飞行员把安泽的古县和屯留以北的故县弄混,故县被炸成一片火海,朱德在古县镇泰然自若地指挥战斗,以极少的兵力阻击强大敌人的进攻,固守阵地三天三夜,打退日军18次进攻。他们牵制敌人到第三天,才撤离公路,继续从侧翼攻击敌人,又机动灵活地争取了一天时间。这时,总部特务团第二营补充上来两个不仅缺乏战斗经验而且没有枪支弹药、每人只有一颗手榴弹的新兵连。朱总司令发扬以少胜多的游击战术,巧布战阵,灵活用兵,发挥新战士的战斗力,袭击日军后续辎重部队。当日军几十辆卡车冲到面前,新兵连手榴弹一齐投向敌军车,炸死炸伤大批敌人,有力地阻击了骄横的日军,取得了战斗的决定性胜利,保障了临汾等地数十万人从容撤退和军需品的安全转移。临汾撤退完毕,朱德率领部队撤出战斗,继续向太行山挺进。

在抗日战争最困难的年

■ 1939年秋,朱德在山西武乡县八路军总部

月,朱德在党中央领导下,亲自率领抗日健儿奔赴抗日最前线,创造了大河上下"两岸烽烟红似火"的大好局面。从1937年9月东渡黄河,开赴山西抗日前线,到1940年春离开山西返回延安,朱德在太行山地区领导华北抗战近三年,率领八路军总部转战五台、盂县、寿阳、昔阳、和顺、榆社、武乡、沁县、沁源、安泽、洪洞、沁水、高平、浮山、屯留、襄垣、潞城等地,运筹帷幄,决胜千里,连续取得了平型关大捷、夜袭阳明堡、收复雁门关、破击阳方口等辉煌战绩,开辟了晋察冀抗日根据地,有力地配合了友军作战,为挽救抗战危局,建立了不朽功勋。

1939年,在抗日战争最困难时期,朱德挥笔写下了"伫马太行侧,十月雪飞白。战士仍衣单,夜夜杀倭贼"的豪迈诗篇,热情歌颂了八路军指战员反抗侵略、保卫祖国、斗志昂扬、英勇杀敌的革命精神。

募钱养母

朱德的母亲出生在姓钟的贫苦人家。她身材高大,有着一般农村妇女的强壮体魄。虽没有自己的名字,目不识丁,在家庭中没有任何权利和地位,但她性情贤淑和气,宽厚仁慈,勤劳俭朴。总是天不亮就起来煮了全家的饭,还要种田、种菜、喂猪、养蚕、挑水、挑粪、纺棉花,几十年如一日默默地劳作和生活。她共生育过13个儿女,但因家境贫穷只养活了8个。

1886年12月1日,朱德诞生在一间矮小阴暗、四面无窗的房子里。出生前一分钟,母亲还在灶上煮饭。孩子出生后,她收拾好婴儿,又起身继续做饭。朱德从四五岁时就在母亲身边帮着干活,到八九岁时不但能挑能背,还会种地。从私塾回家,见到母亲在灶上汗流满面地烧饭,他就悄悄地把书一放,去挑水或放牛。有的季节里,朱德上午读书,下午种地,到了农忙时便整日在地里跟着母亲劳动。凄苦的生活,不平的事实,母亲三言两语的沉痛诉说,启发了朱德幼年时期反抗压迫、追求光明的思想,使他决心寻找新的生活。

朱德是兄弟姐妹中的老四,也是他们中间最爱读书的,母亲对他特别爱抚。他能完成学业,完全靠母亲起早摸黑辛勤劳作、兄弟姐妹节衣缩食和东挪西借。对此,朱德对家人怀有深深的敬意和歉意。

共和国领袖故事

1909年,朱德瞒着母亲离开家,远走云南,参加新军和同盟会。母亲对他这一举动不但不反对,还给予许多慰勉。以后,他参加了中国共产党,领导中国人民进行艰苦卓绝的革命斗争,舍家别友,夜以继日地忘我工作。

1937年9月,朱德、彭德怀率领八路军东渡黄河,奔赴山西前线对日作战。在出发前一天,朱德给四川亲属写了十年来第一封家信。信中说:"我以革命工作累及家属本属常事,但不知你们究竟受到何等程度。望你接信后,将十年情况告我是荷。理书(二哥之子)、尚书(大哥之子)、宝书(朱琦)等在何处?我两母(生母和养母)是否在人间?……近来国已亡三分之一,全国抗战,已打了月余。我们的队伍已到前线,我已动身在途中。对日战争我们有信心并有把握打胜日本。如理书等可到前线上来看我,也可以送他们读书。我从没有过一文钱,来时需带一些钱来。"9月27日,又书家信:"理书、尚书、宝书、许明扬(大姊之子)等现在还生存否?做什么事?在何处?统望调查告知,好设法培养他们上革命前线,决不要误此光阴;至于那些望升官发财之人,决不宜来我处;如欲爱国牺牲一切,能吃劳苦之人,无妨多来。我们的军队是一律平等待遇,我与战士同甘苦已十几年,快愉非常。因此,无论什么事都好办……我为了保持革命军队的良规,从来也没有要过一文钱,任何闲散人来,公家及我均难招待,革命办法非此不可。"

不久,朱德的外甥许明扬等随第四十一军来到山西见到朱德。当他得知家人因他参加革命而遭受迫害,年荒乏食的家乡使得均已80高龄的生母、养母生活非常艰难,难以度日的状况时,心里焦急不安。为使家人摆脱困境,11月29日,朱德向中学好友,当时在泸州开药铺的戴与龄发出募钱养老母的求救信:

与龄老弟:

我们抗战数月,颇有兴趣。日寇虽占领我们许多地方,但是我们又去恢复了许多名城,一直深入到敌人后方北平区域去,日夜不停的与日寇打仗,都天天得到大大小小的胜利……

昨邓辉林、许明扬、刘万方等随四十一军来晋……述及我家中近况,颇为寥落,亦破产时代之常事,我亦不能再顾及他们。唯家中有两位母亲,生我养我的均在,均已八十,尚康健。但因年荒,今岁乏食,恐不能度过此年,又不能告贷。我十数年实无一钱。即将来亦如是。我以好友关系向你募贰佰元中币。速寄家中朱理书收。此款我亦不能还你,请你作捐助吧!望你做到,复我。此候

近安

       朱德11月29日于晋洪洞战地

  1944年春,在延安窑洞里正在处理公务的朱德高兴地收到一封家乡来信。然而随着信笺的展开,他不禁潸然泪下。2月15日,远在四川仪陇的母亲突然去世在灶台前,使时常挂念母亲,而又不能亲送母亲最后一程的儿子悲痛万分。朱德经常讲:要问我这一生有什么遗憾的话,就是没有尽到孝心,让母亲受了苦。她是一个了不起的农村妇女,是一个值得骄傲的母亲!

  4月5日,朱德在延安《解放日报》上发表了《母亲的回忆》,对母亲的去世,表示深切的哀悼和怀念。他说:"我将继续尽忠于我

■ 在延安杨家岭大礼堂召开的朱德母亲追悼大会会场

们的民族和人民,尽忠于我们的民族和人民的希望——中国共产党,使和母亲同样生活着的人能够过快乐的生活。这是我能做到的,一定能做到的。"中央机关在杨家岭大礼堂举行了隆重的追悼会,缅怀这位伟大而平凡的母亲,颂扬她那崇高的品德和无私的精神。

南泥湾的篝火

南泥湾,在延安城东南90里处,是黄龙山地区的一片荒原。

1941年初的早春二月,陕北的凛冽寒风仍在肆虐,撼动着大地,天寒地冻,万物寂静。某日清晨,20多匹快马,从延安城向南奔驰,骑着枣红色高头大马的朱总司令,带领干部和警卫人员,到南泥湾为垦荒屯田做前期实地勘察。

临近中午,到了荒凉的南泥湾。朱总司令站在高坡上,手握望远镜举目四望,满山遍野,杂草丛生,空旷无际,淤积的雨水漂浮着绿色的藻沫,腐烂的草木散发着刺鼻的霉味和潮气。白天他们在树丛草莽之间探路,翻坡过川,边考察边规划;夜幕降临,就在废弃的破窑洞里宿营,一堆堆篝火在窑洞前燃起。朱总司令指点着荒川野岭无限深情地说:这么肥沃的地方,真是一个粮仓呀!三五九旅到这里完全可以搞垦荒屯粮,现在,部队缺吃少穿,很需要毛主席提倡的那种艰苦奋斗的精神。要战胜国民党的封锁,非搞生产不可,这也是一种新的养兵方法呀。

朱总司令用了数天时间,对南泥湾进行了全面考察,并访问当地老乡,对开垦屯田作了详细的调查研究。

一天,他们来到山坳里一座破窑洞前,只见一位身材瘦小的老汉正在劈柴。老人见来了这么多军人,惊慌失措地呆立在原地。朱总司令走向前去,和气地说:不要怕,我们是八路军,都是穷人。

共和国领袖故事

攀谈中,得知老人姓唐,四川人,到这里几十年了。唐老汉见来人说话和气,惊慌的神色便渐渐消失。后来,老人陪着大家仔细勘察了南泥湾的地形。在一条长着齐腰深的蒿草沟里,朱总司令用双手拔出一棵棵老蒿子,捧着根须上黑油油的泥土,高兴地说:你们瞧,土有多好,不用下肥,这就是粮食。大家走了一沟又一沟,整整察看了一天,直到天黑,才回到唐老汉住的地方。

夜色笼罩下的南泥湾,又黑又冷,荒山沟里静悄悄的,总司令让战士们点起了几堆篝火,大家围坐在篝火四周,谁也没有睡意。忽然,拴在外面的战马不安地踏动蹄子,惊恐地又蹦又跳,不断地嘶叫,远处隐约传来狼群的嗥叫和豹子的吼声。朱总司令看到战士个个睁大眼睛,紧张地倾听着远处的豹吼狼嗥,便告诉大家不要

■ 1942年4月,朱德、贺龙在王震陪同下视察南泥湾

怕,把火烧大点,野兽是不敢靠近的。

　　同志们围着篝火,一边吃着带来的干粮,一边倾听朱总司令讲述长征的故事。朱总司令手里拿根拨火棍,在地上敲打着说:这地方不错嘛,比长征那会强多啦。过草地时,天上下雨,地下是水,肚里饿得咕咕叫,想想那阵子,啥困难不能克服？他充满信心地说:现在可以挖到野菜吃,比红军长征时候好多了,当前的困难是暂时的,我们会好起来的。这天夜里,夜幕中的野狼和豹子对着火堆不断嗥叫,大家一点不在意,他们不断地往火里添柴禾,使篝火更加旺盛。跳跃的火苗闪烁着一片耀眼的红光,映在每个人的脸上。

　　第二天上午,朱总司令又带领大家察看了九龙泉等一些地方,绘制了一幅开发南泥湾的规划图,返回了延安。

　　回到延安,朱总司令立即来到毛主席的住处,把南泥湾的地形、水土和在那里垦荒屯粮的想法向毛主席作了详细汇报。他满怀信心地说:"主席,下决心把三五九旅拉上去干一番吧,我看一定能干出名堂来。"毛主席面带笑容地说:"按照老总你的意见办,就从南泥湾开始吧。"不久,三五九旅奉命开进南泥湾,掀起了轰轰烈烈的军民大生产运动。

　　南泥湾开发初期,朱总司令虽然工作繁忙,但经常抽出时间亲临现场指导工作。同年5月,朱总司令在王震旅长陪同下,检阅了垦荒部队,亲自指挥打响了这场屯田战斗。誓师大会上,他讲述了"屯田政策"的重大意义,勉励大家一定要把生产运动搞起来,用我们的双手,做到生产自给,丰衣足食。他对指战员们说:南泥湾就是你们的家,你们好好地安家立业吧！1942年4月下旬,朱总司令在一二〇师师长贺龙陪同下再次亲临南泥湾视察。7月10日,朱德邀徐特立、谢觉哉、吴玉章、续范亭又一次来到南泥湾视察,看到一年来南泥湾的巨大变化,兴奋不已,欣然命笔,题《游南泥湾》诗一首:

　　　　纪念七七了,诸老各相邀。
　　　　战局虽紧张,休养不可少。

共和国领袖故事

轻车出延安,共载有五老。
行行卅里铺,炎热颇烦躁。
远望树森森,清风生林表。
白浪满青山,绿叶栖黄鸟。
登临万花岭,一览群山小。
丛林蔽天日,人云多虎豹。
去年初到此,遍地皆荒草。
夜无宿营地,破窑亦难找。
今辟新市场,洞房满山腰。
平川种嘉禾,水田栽新稻。
屯田仅告成,战士粗温饱。
农场牛羊肥,马兰造纸俏。
小憩陶宝峪,青流在怀抱。
诸老各尽欢,养生亦养脑。
熏风拂面来,有似江南好。
散步咏晚凉,明月挂树杪。

从开垦南泥湾开始的大生产运动,粉碎了国民党顽固势力的经济封锁,根据地军民在艰苦卓绝的抗日战争中,度过了艰难时期,巩固了革命根据地和边区政权。

攻坚战的楷模

1947年10月中旬，朱德指导晋察冀野战军，取得了清风店战役的胜利，对扭转华北战局起到关键作用，也为攻取石家庄创造了有利条件。

10月22日，晋察冀军区司令员聂荣臻向中央军委和中央工委提出，乘胜夺取石家庄。负责中央工委的刘少奇、朱德立即致电中央军委，建议军委批准攻打石家庄。同时复电聂荣臻，同意乘胜打石家庄。指出：即使不能打开，亦可能引起李文、袁朴等南援，在石家庄、保定间可能寻求大规模的运动战，对我有利。请你们预先准备各种补充，待军委批准后，用全力来进行此战役。并告知聂荣臻，朱德拟即去晋察冀野战军司令部。当日，毛泽东批准了攻打石家庄的报告。

石家庄旧称石门，是国民党向冀中、冀南、冀晋、太行各解放区进攻的中心。其防御工事，在华北屈指可数。日军盘踞八年，国民党又经营两年多的时间，设有外围、外市沟、内市沟、市区四道防线，阵地纵深梯次配置，碉堡林立，沟壕纵横。内外市沟间，有环行铁道，装甲车日夜巡逻。号称石门城下有城，"固若金汤"、"凭石门工事国军可坐守三年"、"没有飞机、坦克，共军休想拿下石家庄"。夺取这样坚固设防的大城市，我军还没有先例，此役的意义已远远超过攻占一城一地，而是为解放全国城市探索道路，寻找方法，总

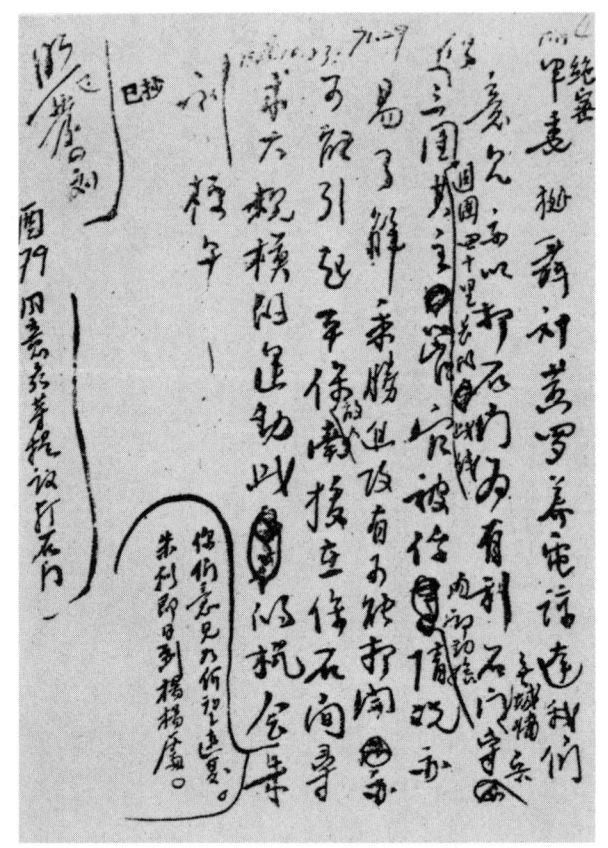

■ 朱德起草的关于攻取石家庄战略问题致中央军委的电报稿

结经验,是提高士气和信心的关键一仗。朱德决定亲临前线,进行战前动员和攻坚准备。

10月25日,朱德从西柏坡赶到河北省安国县南关晋察冀野战军司令部驻地,详细听取了杨得志、杨成武、耿飚关于攻打石家庄的情况汇报。通过大量的调查研究,对战前准备、战术运用、战役步骤进行严密精细的部署。27日凌晨,朱德迎着徐徐凉风来到安国县西伯章村炮兵旅驻地,在茫茫田野里,连续视察了6个炮兵阵地。看到停放整齐的火炮,总司令笑着点点头说:晋察冀有一个炮兵旅,很好,你们有前途,装备好还要继续发展壮大,将来要准备打出去。在炮一团排以上干部会上,朱总司令大力提倡军事民主运

■ 朱德在攻打石家庄前检阅炮兵

动,他语重心长地说:在作战和工作中要依靠群众,大家同甘苦,共患难,一切为着战争的胜利。现在我们要准备打石家庄,打下石家庄,可以学会打攻坚战,学会打大城市。还可以把晋冀鲁豫和晋察冀两大解放区连成一片,在军事上、政治上、经济上意义都很大。想到眼前的炮兵部队和敌人的防御工事,朱总司令若有所思地说:石家庄敌人经营了多年,有坚固的工事,摆在我们面前的一个重要课题,就是阵地攻坚战。要研究运用炮兵为步兵打开突破口,把敌人碉堡打掉,支援步兵向纵深发展。

攻坚战中炮兵、工兵、步兵协同作战极为重要。30日,耿飚参谋长召集野战军炮兵和工兵干部会,研究怎样打好阵地攻坚战。朱德知道后又去参加会议,同大家一起研究讨论如何有效打堡垒,实施迫近作业和坑道作业的方法,巷战中怎样才能充分发挥炮兵和工兵的作用。他说:石家庄是一个很好的课堂,炮兵和工兵要努力在战争实践中学习。并要求在作战部署上,兵力和火力要集中使用在主攻方向上。迫击炮要伴随步兵一起行动,山炮、野炮、榴弹炮要组织火力,在主要进攻方向上支援突击队。朱总司令的具体指导,为野战军在攻城战斗中,集中用好炮兵和工兵奠定了基础。

第二天,野战军司令部召开旅以上干部会,宣布攻打石家庄的命令。朱德和大家经反复研究共同拟定了作战部署,确定以阵地战的进攻战术为主要方法,有组织、有步骤地进攻。用坑道作业接近堡垒,用炸药爆破,辅以炮击,各个摧毁,继之以步兵突击,夺取敌各道阵地。采取稳扎稳打的方针。在会上,朱德站在军用地图前作了两个多小时的发言,讲形势、讲任务、讲战术、讲纪律。他说:旅以上干部如何学会打攻坚战,对进攻石家庄将起到重要作用。他从挎包中取出毛泽东的《中国革命战争的战略问题》和刘伯承翻译的《诸兵种合同战术》两本军事著作,要求每个干部认真学好这两本书。他说:攻打石家庄这样坚固设防的城市,不讲战术行吗?《诸兵种合同战术》关于进攻战讲了八条,你们要结合自己的经验看看讲得有没有道理。他特别强调,石家庄战役打的是攻坚战,要勇敢加技术。要指挥员充分发扬民主。要把石家庄当作一所难得的学校,通过打石家庄学会打攻坚战,学会一套能攻善守的本领。我祝大家打一仗进一步,打下了石家庄,就是向前迈进了一大步。要严守"三大纪律,八项注意",民兵不入城,野战军不住城。要用石家庄证明,我军不但能打下大城市,而且能很好地管理大城市。为了落实战前的准备工作,他又致电聂荣臻、萧克,要求晋察冀军区在石家庄战役中,准备好各项物资,特别是炸药、炮弹和人员的补充。

　　6日零时,晋察冀野战军对石家庄守敌发起猛烈攻击,一发发炮弹在敌人的发电厂、仓库、工事里开了花,解放军突击队像潮水一样,突破敌人的防线,很快夺取了大部分外围据点。战斗打响后,朱德多次打电话给野战军领导人,了解进展情况并及时进行指导。总攻战斗进行了8个小时。部队攻入市区作战时,他立即拿起电话指示杨得志:部队突破内市沟后,一定要猛推、深插、狠打,不让敌人有半点喘息,做好打巷战的准备,全歼一切敌人。同时要杨成武一定要注意城市政策,特别要注意保护几个民族资本的大工厂。石家庄是我们占领的第一个大城市,要做出榜样,你是政

■ 解放军向敌人最后核心工事冲锋

委,要抓一抓。我们在军事上要打胜仗,在政策上也要打胜仗。11日夜,经过20多小时激烈巷战,我军占领大部分市区。12日8时,向敌核心工事发起总攻。此时朱德来电询问战场情况,鼓励全体将士再接再厉,并要求"入城后,遵守纪律,迅速恢复秩序极重要,军队应如此,其他方面亦须如此,要切实办好"。

在朱德的正确指导和关怀下,战役进行得非常顺利,经过6昼夜奋战,歼敌2.4万多人,清除了敌人在华北的一个战略要点,使晋察冀和晋冀鲁豫两大解放区完全连成一片。

攻克石家庄,取得了城市攻坚的首战胜利,为我军继续夺取大中城市提供了宝贵经验。朱总司令表现出运筹帷幄、指挥若定的高超军事指挥艺术。为庆祝石家庄攻坚战的胜利,朱德亲自写下了《攻克石门》光辉诗篇:石门封锁太行山,勇士掀开指顾间。尽灭全师收重镇,不教胡马返秦关。攻坚战术开新面,久困人民动笑颜。我党英雄真辈出,从兹不虑鬓毛斑。

我们要有海陆空

共和国领袖故事

1949年10月1日,中央人民政府委员会召开第一次会议,任命朱德为中国人民解放军总司令。下午3时,在天安门广场举行了隆重的开国大典,在国歌和28响礼炮声中鲜艳的五星红旗冉冉升起,毛泽东向全世界庄严宣告:中华人民共和国中央人民政府成立。随后朱德身穿崭新军装,乘阅兵车驶向受阅部队。华北军区司令员、阅兵总指挥聂荣臻上前敬礼报告:受阅部队准备完毕,请总司令检阅!在聂荣臻的陪同下阅兵车由西向东缓缓驶去,朱德举起右手向面前整齐肃立的雄师劲旅致以崇高的军礼。广场上不时传出"同志们好!""首长好!"响彻云霄的互致问候声。检阅结束后,朱德发布了《中国人民解放军总部命令》,他说:

> 我命令中国人民解放军全体指战员、工作员,坚决执行中央人民政府和伟大的人民领袖毛主席的一切命令,迅速肃清国民党反动军队的残余,解放一切尚未解放的国土,同时肃清土匪和其他一切反革命匪徒,镇压他们的一切反抗和捣乱行为。

接着,在雄壮的《人民解放军进行曲》节奏声中,在"八一"军旗引导下,海军方队、陆军方队,以无坚不摧的英雄气概大踏步前进;炮兵师、战车师、骑兵师浩浩荡荡,所向披靡;天空中阵阵轰鸣,人民空军的雄鹰,掠过长空,接受毛泽东、朱德、周恩来等开国领袖和

■ 朱德在开国大典上乘车阅兵

我们要有海陆空

共和国领袖故事

元勋的检阅。毛泽东等不时向勇士们挥手致意,天安门广场一片欢腾。

夜幕降临,满天星斗在空中闪烁。朱德在北京饭店宴请海陆空受阅部队代表,他高举酒杯,依次向大家表示祝贺。当见到一位戎装未脱的空军代表时,朱德兴奋地说:"你们飞得很好嘛,从现在起,我才真正是陆海空总司令!"

开国大典前夕,朱德率中国人民解放军代表团参加中国人民政治协商会议第一届全体会议。他在发言中庄严宣告:人民解放军要有现代化的陆军、空军和海军,我们要有自己的强大的海陆空! 只有这样才能有效地保卫我们的伟大祖国和人民。

1950年初,朱德两次致函毛泽东,提出要迅速建立海军、空军、工程兵和铁道兵,以加速解放军的正规化、现代化建设。并为《人民海军报》创刊号写了"建设一支足以防御帝国主义冒险侵略的人民海军"的题词。朝鲜战争的风云使总司令更加感到建设海、陆、空军的紧迫性。在参加中央军委会议之后,他无法入睡,提笔写信给毛泽东,认真分析美军的战略战术,并提出:"我们的对策应该是做长期打算。我们除整顿陆军外,应抓紧建设空军、海军以及装甲兵、工兵、炮兵、铁道兵等特种兵。现存的陆军除整编以外,大部分可转为新式兵种。"

■ 朱德等与新中国第一批女飞行员合影

在朱德的参与领导下，1949年11月11日，新中国成立后第一个新军种空军建立了。刘亚楼任司令员，萧华任政治委员。翌年4月11日，海军领导机构成立，萧劲光任司令员，相继组建北海舰队、东海舰队和南海舰队；8月1日陈锡联任炮兵司令员；9月1日许光达任装甲兵司令员；10月周士第任防空部队司令员。

在新兵种创建的过程中，朱德明确提出把建设现代化的国防军、学习现代战争的作战方法，作为军队建设的一个战略转变。人民解放军经过三年多的努力，大体上完成了由单一兵种向诸兵种合成的转变，在军队现代化建设中迈出重要的一步。

朱德十分关心空军建设，经常出席空军的业务会议，航校开学、毕业典礼，参观飞行表演和教学展览。他和邓颖超主持了我国第一批女飞行员开飞典礼。他在1950年3月10日空军政治工作会议上强调，空军首先要配合其他军种完成解放台湾、海南岛的任务，做到在一定的领海和领空上初步取得制空权。然后逐渐在这个基础上建成一支完全新式的强大的人民空军。这支空军要在我们所有的领空和领海上，完全取得制空权，能够击退任何侵略者的进攻。空军能不能建设好，掌握技术是个关键。在一定意义上，技术决定一切。如果我们别的都好，就是技术不好，那也不能完成任务。空军作战的胜负，有时往往是一分钟一秒钟的事情。只有掌握了技术，才能战胜敌人，不然就要为敌人所打败。因此，所有的人员都应当学会技术。在1950年4月20日空军参谋工作会议上，朱总司令语重心长地说：目前对你们最大的要求，就是要很好地把队伍训练和组织起来，精心研究科学技术，并好好地掌握它，使我们一出马就能打胜仗，收复沿海诸岛，光荣地完成彻底解放全国的伟大任务，并为建设新中国的强大空军打下一个牢固的基础。

1951年新春之际，朱德冒着风雪到前线机场检阅即将赴朝参战的空军部队。机场四周白雪皑皑，朱总司令面带慈祥的笑容来到战士中间，和他们一一握手。在银光闪闪的战鹰旁，他用手抚摸着飞机，笑着问：怎么样？能不能飞？能不能作战？当听到"请总司令放心,虽然我们飞行时间很短,但我们一定能杀敌立功"的回答时,满意地点点头。在指挥塔台上他观看了飞行表演,为中国空军的成长壮大感到欣慰。飞行结束后,总司令亲切地和飞行员一一握手,并勉励新中国年轻的飞行员:要打出中国人民的威风。

1953年国庆刚过,一个阳光灿烂的下午,在北京南苑机场,一辆普通的小轿车驶到了停机坪,朱总司令再次视察空军。在飞机旁,当听说飞机上装有新式雷达设备时,他非常兴奋,细心地观看了雷达荧光屏。接着,朱总司令又兴致勃勃地坐进飞行员的座舱,耐心听取了飞机性能的介绍,还亲自拉了拉操纵杆,蹬了蹬方向舵。他高兴地说:过去我们作战没有空军支援,现在我们有了空军支援了,要很好地研究陆空协同,研究支援地面部队作战的问题。

海军组建初期,朱总司令不辞辛劳地视察海军的码头、舰艇、学校、修理所等。他对从陆军调来的指战员非常关心,勉励他们要虚心学习,努力工作,建设好一支人民的海军。1950年7月13日,他写信给海军司令员萧劲光谈到海军建设的有关问题。几天后,萧劲光来到总司令办公室,详细汇报了海军三年建设计划的初步设想。他听了萧劲光的汇报很高兴,并不时地记下点什么。同时对海军建设、作战任务等有关问题作了进一步的指示。朱德指出,应该利用现有的时机和兵力,首先把沿海的要塞、岛屿的防御设施建立起来,把各基地组织起来。当萧劲光谈到解放台湾是海军的一项重要任务时,朱德略作思考地说:海军作战任务不能单从打台湾打算,而忘记了海军的基本建设。1951年9月11日,他专程到青岛参加海军第一次政治工作会议时强调指出:海军和陆军不同,在海洋上作战,炮战有特殊重要的地位。海战中白刃的机会是很少的,甚至没有,但炮的用处却很广泛。有了海岸炮,有了鱼雷,有了军舰上的各种火炮,加上空军的掩护,就有可能打败敌人从海上来的进攻。因此,必须重视海军中的炮兵训练工作。过去陆军打仗曾经为了歼灭敌人的有生力量,不以夺取城池为主要目标。海军就不同,海军的任务是保卫国防的最前线,要把敌人消灭在海上。为此,海岸炮兵要有坚固的永久性的堡垒。炮兵除了经常操练之外,应当时常增修工事。

朱德对海军的建设,从政治工作到技术训练,从开办学校到建设军港,从海岸炮兵到鱼雷快艇等,都作出许多具体指示。1951年8月30日,他就海军建设写信给毛泽东,建议批准海军领导提出的以空军总数的20%建立海军航空军。1953年9月,在大连海军学校视察时,朱德题词"努力掌握现代化海军作战技术"勉励大家。

1974年8月19日,天空格外晴朗,阳光分外绚丽,金色的彩霞洒满了码头和军舰。上午8时,88岁高龄的朱德,来到秦皇岛码头,健步登上二二三驱逐舰。全舰干部向他敬举手礼,战士行注目

■ 1974年8月,朱德在秦皇岛视察海军

礼。在甲板上,他微笑着向列队的水兵频频招手致意。军舰徐徐离开码头,向渤海深处驶去。朱德一边仔细注视着海图,一面倾听海军领导的介绍。上午10时,他迎着习习海风,昂首挺胸,双手举起望远镜,检阅操演的各种新型国产舰艇,看到强大的现代化海军,他激动不已,十分喜悦地鼓励说:谢谢同志们,为建设强大的海军而奋斗。3个多小时的海上航行,他始终精神饱满。中午12时,舰艇上升起了感谢首长关怀的旗帜,水兵依依不舍地列队欢送总司令。这次亲临海防前线视察,朱德作了许多重要指示,并亲笔写下了"增强革命团结,加速人民海军建设"的题词。

　　在朱德的亲自关怀和领导下,我们要有海陆空的愿望实现了。如今,我军已发展成为一支具有现代化水平的强大的人民军队。

第一任中央纪委书记

朱德一生任过许多要职，可很少有人知道，他还担任过党的第一任中央纪律检查委员会书记呢！

就在新中国成立的第二个月，也就是1949年11月9日，中共中央决定成立中央纪律检查委员会，由朱德兼任书记。

新中国成立后，中国共产党成为领导全国的执政党，地位变了，一些党员干部手里有了权力，一些徇私舞弊、贪赃枉法的事件不断发生。能不能继续保持同人民群众的血肉联系，继续保持求实进取、艰苦奋斗的优良作风，是关系到党风政纪的重要问题，也是朱德深深关切的问题。

别看朱德当时已经63岁了，一上任，仍然一股军人作风，雷厉风行，说干就干。他立即主持召开会议，创建中央纪委的办事机构，制定工作细则，选调一批优秀干部从事纪检工作。在很短的时间内，中央及各地中央局、省、市、地委的纪委机构都相继建立起来，开始受理有关违纪案件。

1952年1月，朱德在武汉听取武汉纪委汇报一起利用职权、压制民主、诬陷好人的严重事件，听着听着，神色变得格外严峻起来。武汉纪委书记看到朱德脸色不好，停了下来。朱德眉头紧锁，说："讲下去！"武汉纪委书记接着讲：

那是1950年9月的一天，当天天气不好，大雨倾盆，狂风大

共和国领袖故事

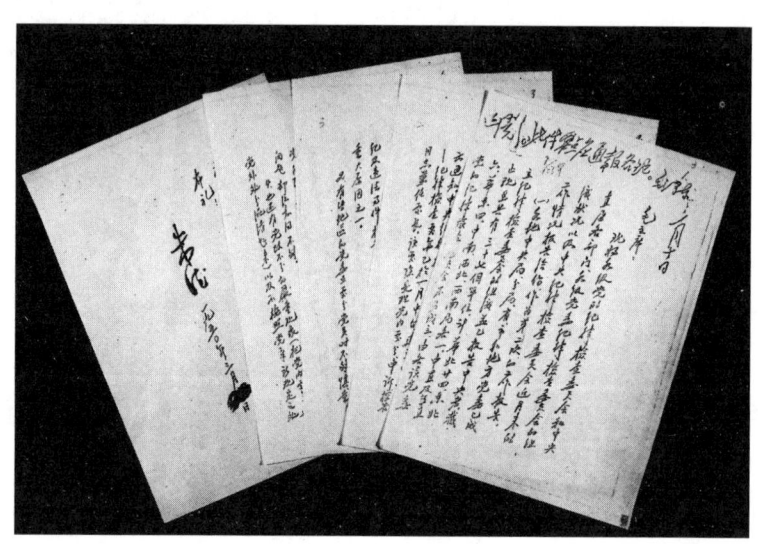

■ 朱德任中央纪委书记时写给毛主席的报告

作。一个担架队抬着十几个部队伤病员赶往武汉市某医院。伤病员病势严重，气息奄奄。医院工作人员匆忙去抬伤病员。

医院院长兼卫生局局长宋瑛摆出一副干部派头："地方医院不收治军队伤病员！"命令担架队把人抬走。

随担架队来的军医说："可这里没有别的医院！"

"部队有自己的野战医院嘛！"宋瑛说。军医解释说："野战医院已经随大军南下了呵！"

"我是按制度办事。"宋瑛板着面孔作答。无奈，军医央求宋瑛："求求你，这些病人十分危险，再不及时抢救就……"

宋瑛不耐烦地说："你不要混为一谈！制度就是制度！"

武汉医院的医生们实在看不过去，主动要抬伤员去抢救。

宋瑛在旁大喝一声："我看谁敢违反制度？"

医院铁门外，随队军医声泪俱下，用拳头狠捶铁门。她的身后，十几副担架上的伤病员情况凄惨，个别担架上的重伤员停止了呼吸。医护及担架人员悲愤欲绝。

事后，武汉市医务部门有人写信给毛泽东主席，揭发宋瑛拒绝接收南下大军的急症伤病员，致使个别伤病员失治而死的官僚主义错误。

中央接到信后，要求武汉市委负责处理。武汉市政府将来信转给卫生局党组织查处。这封信恰恰转到了宋瑛手里。

宋瑛见信后，认为写信人员"动机不纯，有意破坏"，是"想借题发挥，告共产党的刁状，反对共产党"。她推测这封匿名信是武汉市属第二医院的工作人员纪凯夫等三人所写，就找他们核对笔迹，强迫他们承认错误。市政府党组和副市长周季方支持宋瑛"追查控告人"。在此期间，第二医院正好发生一起保险柜公款被盗案件，周季方、宋瑛等又蓄意嫁祸纪凯夫，命令公安局将纪凯夫逮捕，长期拘押逼供，并逮捕配制盗款所用钥匙的铜匠，逼使铜匠隐瞒真相诬陷好人。

至此，他们还不罢手，进而将盗窃案说成是"反革命政治阴谋"，诬陷纪凯夫是"国民党潜伏的特务"，"他就是要制造混乱，达到推翻共产党的目的"。他们想一举将纪凯夫置于死地。虽然中南局组织部、纪委在了解真实情况后，对此事提出批评，《人民日报》也公开批评宋瑛、周季方压制民主，侵犯人权的错误，但问题仍得不到解决。

在中央纪委的直接干预下，中南局纪委组织联合调查组，对此事进行调查，终于弄清了事实真相。

朱德听完汇报，气愤不已。他忍不住，给毛泽东写了一封信，信中说：

"这样一个明显简单的事件，竟弄得如此复杂，久不得决，是由于周季方、宋瑛等人宗派主义和极端恶劣的思想品质，以及武汉市委负责同志的主观主义所造成的……这一问题的严重，不仅是诬陷了纪凯夫，而更重要的是这样一种性质的错误，竟发生在武汉市的领导机关，而领导人直到现在尚不觉悟，故有向您报告的必要。"

毛泽东接到朱德的信后，在中南海丰泽园和朱德等人商议这个案件的处理办法。朱德说：

"武汉事件,是毁坏、践踏法律本身,使党纪国法变了质,几乎荡然无存。纪凯夫现在还被关押着,医院的职工人心不平。宋瑛等人还要大搞株连,已经有很多无辜群众被捕、受审查,这样下去,要逼出人命,要'逼上梁山'哟!"

毛泽东和中央书记处其他成员一致同意朱德的意见,要求中南局严肃处理周季方、宋瑛。在中央的干预下,纪凯夫被从监狱放出,予以平反。宋瑛、周季方受到严肃查处,调离原岗位。至此,"纪凯夫事件"才算了结。

做党的纪律检查工作,没有坚强的党性不行,没有高度的思想水平和政策水平也不行。因此,朱德经常教育纪检干部,对违犯党纪党员的处理既要严肃认真,坚持原则,又要坚持以党内教育为主,执行纪律为辅的方法,不能一犯错误就一棍子打死。

1951年11月,朱德亲自过问了一个违犯党纪的老干部的问题。

这个老干部从小参加革命,战争年代立过功,受过奖,后来担任了一个部门的领导职务。可是进城以后,他的思想作风发生了变化,开始计较起自己的地位待遇来了。

有一次,他来找朱德汇报工作,要求把他所领导的"局"升为"部"。这样,他就可以由"局长"升为"部长"了。朱德察觉到他的个人主义名利思想在滋长,便及时告诫他说:"你不要老想做大官,要时刻警惕和约束自己。要当心啊,弄不好会毁了自己的哟!"

然而,这个同志并没有及时约束住自己,而是在错误的方向上越滑越远。

就在那次谈话以后,他又利用职权,盖了一幢豪华舒适的小"公馆",甚至私自动用国家外汇,从国外买来最新式的小轿车供他使用。

这个同志的问题,被群众揭发出来了。

朱德得知以后,感到十分压抑和痛心。他向工作组的同志指示处理原则:

"既要查清案情,严肃处理,又要尽可能唤醒他、挽救他。"

通过上下结合,全面认真地查清了这个同志的错误,组织上给了他处分,并把他下放到基层锻炼。经过一段相当长时间的锻炼和改造,他终于深刻认识了自己的错误并决心改正,组织上让他重新担任了领导工作,继续为党为人民工作。

一个濒于死亡边缘的人,终于被挽救过来了。

朱德主持党的纪律检查工作的五年多的时间里,中央和各级纪委处理了近30万起案件。在同坏人坏事作斗争、克服党内各种不良倾向方面,发挥了巨大作用。作为中纪委书记,朱德处处以身作则,身体力行,为中国共产党人作出了表率。

授勋

共和国领袖故事

1955年9月,金秋的北京。

炎夏已经悄悄地溜走了,中南海古老的红墙里呈现出一片金色。树上的叶子开始转黄了,橙红的柿子挂满了枝头。典雅的房舍,古朴的亭台,静静的草坪,茂密的松柏,辉映着金果黄叶,使这处历史悠久的胜迹充满了魅力。

这里,是中共中央和中央人民政府的办公处所。新中国成立后,朱德同毛泽东、周恩来、刘少奇等老一辈无产阶级革命家都在此居住、办公。西面有一处专门的会场——怀仁堂。怀仁堂原名佛照楼,建筑在仪銮殿的废墟上。仪銮殿被八国联军烧毁了,慈禧太后逃难返回京,又建造了佛照楼。民国以后,佛照楼才改名为怀仁堂。中国人民政治协商会议第一届全体会议、最高国务会议等一些重要会议都在这里召开。

27日,怀仁堂在宁静中又迎来了一个特殊的日子。这天,新中国第一次授衔、授勋典礼将在这里举行。怀仁堂内外喜气洋洋、熙熙攘攘,不时传来阵阵欢笑声。

这天,朱德和以往一样,在外面散了一会儿步,回来后又伏案看了一会儿文件。中午过后,中南海的理发师来到朱德家中,仔细给朱德刮净胡须。然后,朱德站立在镜子前,试穿后勤部刚刚送来的海蓝色元帅服。

元帅服是参照苏联等国家的军服样式,结合本民族的特点设计的。纯毛华达呢的面料,比照朱德身板裁剪,非常合体。朱德虽说个子不是很高,但他背脊宽阔,身材魁梧,戴上挺拔的元帅帽,肩缀两片金色的元帅肩章,显得异常威武,眉宇间充满了帅气。笔挺的元帅服为他增添了丰富饱满的生命力和宽宏的气质。

授衔授勋仪式在下午5时举行。朱德从西楼到怀仁堂很近,坐车只需几分钟。当他来到怀仁堂前时,忽然想起了6年前在这里参加第一次政治协商会议的情景。

那一次会议,代表们通过了政治协商会议组织法、中央人民政府组织法和共同纲领,选举了中央人民政府主席、副主席、委员,制定了国旗,决定了国都、国歌和纪年。所有这一切,都符合人民的意志。在闭幕式上,朱德在主席台上发言说:"我们既然能够团结一致开创了中华人民共和国,我们就一定能够团结一致把我们的国家建设好,把我们的国家引导到繁荣昌盛的境地。"

6年过去了,国家发生了巨大的变化,国防和军队建设都在向现代化、正规化迈进。今天,党和国家授予对创建和领导人民武装力量、领导战役军团作战、立有卓越功勋的10位高级将领以中华人民共和国元帅军衔,这是我国武装力量现代化、正规化建设中的一项重要措施。想到这里,戎马征战一辈子的朱德感到由衷的兴奋。

在休息室里,彭德怀、贺龙、陈毅、罗荣桓、聂荣臻、徐向前、叶剑英7位元帅已经到了。刘伯承、林彪因为有病,正在青岛疗养。朱德健步走来,第一个看见朱老总进来的是陈毅,他用四川口音向大家通报了一声:"我们的总司令来喽!"其他几位正在谈话的元帅停下话题,依然按照战争年代的习惯,称呼"总司令",立正,向朱德敬军礼。朱德微笑着,嘴里说:"免礼了,免礼了!"边走边向大家还礼。

陈毅是十位元帅中最活跃的一位,他走到朱德跟前,好像不认识一样,上下打量。

"老总哎,穿上这行头好漂亮。比南昌起义时还要显年轻,那个时候,你的大胡子有这么长……"陈毅在下巴处比划着。

大家都笑了起来。

朱德被陈毅的幽默感染了,笑着转身寻找贺龙。"贺老总,你当初在南昌打响第一枪的时候,有没有想过今天会当元帅?"

贺龙听见朱老总问他,摸了摸那两撇最有特色的小胡子,想了想,神情严肃地回答说:"报告总司令,那天我连自己打的是第一枪都不知道,哪里知道今天会当元帅!"

大家又是一阵大笑。

是啊!从南昌起义到今天,整整过去了28年,从贺龙举枪射出第一颗子弹起,共和国的缔造者们戎马倥偬,征战疆场,流汗、流血、负伤、牺牲,多少战死疆场的英烈未能看见军人站立在最神圣的荣誉台上的情景……

一辆黑色吉姆轿车在怀仁堂前停住。毛泽东主席下了车,微笑着向大家招手。今天,毛泽东依然穿着一身中山装。

下午5时整,朱德、彭德怀、贺龙、陈毅同其他党和国家领导人一起,在主席台前就座。

主席台正面悬挂着毛泽东主席的巨幅画像,画像两侧挂着国旗,会场气氛庄严肃穆。

全国人民代表大会常务委员会典礼局局长余心清声音洪亮地宣布:"中华人民共和国主席授衔授勋典礼开始!"

军乐队奏起了《中华人民共和国国歌》,那气势磅礴的乐曲在大厅上空回荡。

全国人大常委会副委员长兼秘书长彭真用高昂的声音,宣读了中华人民共和国军衔命令书。

朱德的名字列在元帅名单第一位。朱德听见宣读他的名字,从座位上起身,大步走上主席台。随后,其他七位元帅也陆续走上主席台。

八位元帅气宇轩昂排成一排,站在毛泽东主席面前。

毛泽东站起来了。他平时和蔼幽默的神情消失了,整个授勋过程,他神情庄严,面色严肃。他将一级八一勋章、一级独立自由勋章和一级解放勋章郑重地递给了共和国第一位元帅朱德。

朱德庄重地行了个军礼,接过这沉甸甸的三枚勋章。

毛泽东又伸出手来,两双扭转了历史乾坤的巨手紧紧地握在一起。这一握手,凝聚了28年的风雨沧桑、岁月坎坷。从井冈山会师那天起,他们紧握在一起的手就没有松开过。今天,两位伟人的手又一次握在一起,彼此没有交谈,但都感觉到这一次握手比任何一次都有分量。

下午6时半,授衔、授勋典礼在《胜利进行曲》的军乐声中结束了。

■ 朱德在授勋典礼上接受毛主席授予的勋章

共和国领袖朱德故事

■ 朱德荣获的一级八一勋章（左）、一级独立自由勋章（中）、一级解放勋章（右）

身着元帅服和将军服的功臣们，带着红润的面色从怀仁堂走出来。淡淡的晚霞映照着中南海静谧的上空，眼前的天地呈现出一片橙红，和他们的脸色一样，和他们的心情一样。

怀仁堂外的草地上排列着长形木桌，上面摆放着冷餐食品和各类酒水。晚餐是自助餐，又是一个热闹的庆祝场面。

周恩来用欢快的语调，简练地来了个祝酒辞。毛泽东、周恩来、刘少奇、邓小平等中央领导人举起酒杯。在一片欢笑声中，元帅、将军们也举起酒杯，相互祝贺，仰脖一饮而尽。

晚宴结束了，朱德等元帅、将军们昂首挺胸，以稳重、矫健的步伐走出会场，仿佛在统领千军万马向新的战场出征。

神树

朱德喜欢树，也喜欢种树，他走到哪里就把树种到哪里。他曾在太行山种下白杨，棵棵白杨在纷飞炮火中参天挺立；他曾在延河旁植下青柳，株株青柳在战斗的风雨中迎风摇曳；他曾在北京栽下枫树，片片枫叶每年秋末霜染似火。这些树木，象征着他朴实的性格，万年长青的精神，寄托着他为人民留下片片阴凉的心愿。

朱德是个佃农的儿子，生长在劳动人民家庭。家乡仪陇县位于川北山区，充沛的降水、肥沃的土壤，繁育出众多的树种，山间丘陵树木茂盛。生长在这样的环境中，朱德从小就对树木有特殊的感情。

琳琅山下的药铺垭小学，是他幼年读私塾的地方。当年他曾在学校院里种了一棵核桃树，核桃树长得繁茂葱茏，果实累累。学校大门口右侧，还有他种的一棵香樟树，也同样长得躯干伟岸，枝叶茂盛。

仪陇县金城完全小学大门外，有棵巍峨的皂角树，挺拔翠秀，数十米高，粗壮合抱，那是朱德在校任体育老师时种的。直到50年代初期，学校周围的农妇们还用树上结的皂果洗衣服，去脏除垢。

校园里还有棵清香馥郁的金桂树，也是朱德当年栽下的。这个学校现有1000多名学生，孩子们每天在绿阴密布的树下做操、游戏、温习功课。1960年3月,朱德回到仪陇,特意回到金城完小。他看见自己当年栽种的这棵金桂树生长得枝繁叶茂,便问:"开不开花?"老师回答:"年年开花,好香好香啊!"

仪陇县大塆坡上,曾经生长过朱德插栽的"嘉陵桑"。那是1906年他在顺庆府(今南充市)中学读书时,为了能栽桑养蚕,带回去300株桑枝插活的。在相当长时间里,每到春秋季节,当地的养蚕姑娘就提着竹篮,到这里采桑喂蚕。1960年朱德回到仪陇,当地的干部告诉他,他当年插栽的"嘉陵桑",经过五六十年的风风雨雨,剩下的没几棵了。他对干部、群众说:"桑树,可是一种宝树。我们山区宝藏多,许多地方胜过平川。树木、竹子、药材都是宝。要因地制宜,发展多种经营,广开财路。除了粮食,还要抓好棉花、油料作物的生产。"

在烽火连天的战争年代里,朱老总仍念念不忘种树。1940年春天,华北抗战如火如荼。朱德带着八路军总部机关,驻在山西武乡县的王家峪村。面对着满目荒凉,不见有树木遮掩的村庄,朱老总率领总部机关和作战部队,趁战斗间隙,为绿化根据地开展了大规模的植树造林活动。那阵儿,从洪水到西营,从总部所在地的王家峪到抗大驻地蟠龙镇,整个山山岭岭,沟洼河畔,遍布植树大军。大家边劳动,边唱歌,满山遍野呈现出军民团结植树的新气象。可也有的战士对此不理解,疑惑地问:

"我们天天打仗、行军,栽这些小树苗干啥用呀!"

朱德耐心地解释说:

"植树造林,可是件大好事呀!树多了不仅可以调节气候,还可以做盖房子的木料;有的树叶还可以吃,树枝还可以当燃料烧火。"

有个小战士天真地说:

"现在栽上这些树苗,我们也用不上呀!"

朱德笑了笑说:"中国有句谚语,叫做'前人栽树,后人乘凉'。我们八路军植树就是为了后代,将来革命胜利了,搞建设也需要木材嘛!"

说着,朱德脱下外衣,选好地盘,挥镢刨起坑来。他使镢头那样顺手,动作那样熟练,挖的树坑距离均匀,深浅恰当。树坑挖成了,树苗也选好了,朱德把树苗插进坑里,用土埋好后,使劲地用镢头捣了起来。把土捣实后,又要开个小蓄水畦,累得汗流浃背。

见此情景,战士们深受鼓舞,纷纷动手干起来。这次,朱德带领全体军民在王家峪一带植树2 000多株。

全国胜利前夕,朱德在河北的西柏坡,指挥人民解放军对敌人进行最后决战。在那"运筹于帷幄之中,决胜于千里之外"的紧张时刻,朱德仍利用空暇,同老乡们一起拿着杨柳树苗,挖坑植树。他向当地老乡询问:"河北种树,宜深宜浅?"

老乡说:"深些好。你们南方呢?"

朱德说:"我们四川人说,深埋硬砸,扁担也发芽!"

周围的老乡笑了,老总也笑了。西柏坡的村前庄后,道旁路边,一排排小树迎风挺立。

新中国成立后,朱德走遍全国各地,几乎每到一地,都关心植树造林的问题。1953年2月16日,大年初三,朱德冒着严寒视察了北京西山。在详细听取了有关西山绿化工作汇报后,他指出:"西山绿化的政治意义重大。此事应由华北、北京主管部门作为重要任务之一,颁发决定,制订计划,提前完成。"他还满怀期望地嘱咐林业部部长梁希:"请赶快绿化西山,在我有生之年,还要看到西山的绿化呢!"

在朱德的关注下,林业部和北京市组织首都军民共投工60多万个,克服重重困难,在西山完成造林面积5.6万亩。如今的西山,已是一片林海,满目葱茏了,并逐渐成为首都西北部的生态屏障和重点风景区。

1964年,78岁高龄的朱德不辞辛苦,和董必武一起到河北、内蒙古和东北三省巡视林业工作,深入到林区的林场、苗圃和采伐现场,历时45天,行程4 000公里,调查了采伐运输、更新造林、森林

共和国领袖故事

■ 朱德在视察香山绿化工作途中小憩

资源保护等多方面情况。朱德主张多林种、多树种结合,协调发展,他在视察中谈到:"要使长期林、短期林、经济林相互结合……既要种松杉,也要种杨柳,同时还要种桃、李、桑、茶等","这种长期、短期结合,用材林和经济林结合,对生产的发展是有利的,群众也是十分欢迎的。"并提出:"要实行轮伐,采育结合,永续利用,同时搞些农副业,亦林亦农,子子孙孙长期干下去。"

在农、林、牧三者的关系上,朱德一贯主张农林牧相结合,协调发展。朱德在内蒙古视察时,对哲里木盟在流动沙丘上造林,保护了农田和草场的做法很感兴趣,他满意地说:"你们采用农林牧结合,全面发展经济,成效很显著,应该很好地坚持下去。"在朱德这一指示鼓舞下,哲里木盟各族人民大力开展植树造林运动,从1965年到1970年的6年间,共造林390万亩,封沙育林264万亩,实现了林业规划目标。

看着这一切,朱德舒心地笑了。那一片片新营造的林木就像一道道绿色的长城,那一棵棵高大的树木就像一个个卫兵,矗立在共和国的土地上。在建设祖国的新时期里,这是他统帅的又一支"新军"。

1952年3月5日,朱德给周恩来总理写信,建议将清明节定为植树节,他希望这个节日催促人民个个种树,家家动员,各栽一棵或两棵树,全国党政军民机关学校都来种树,形成一种制度和风气。

朱德建议确定"植树节"的愿望,终于在他给周恩来写信的27年后实现了。1979年2月年,五届全国人大常委会第六次会议决定每年的3月12日为"植树节"。在一年一度的"植树节"里,朱德元帅仿佛还在看着我们,看着我们播种绿色的希望,让山坡、大地都穿上绿衣裳。

不要接官要接班

共和国领袖故事

"要接班,不要接'官'。接班,是接革命的班,接为人民服务的思想,时刻想着大多数人,掌握为人民服务的本领,实实在在地干革命。如果忘掉了人民,心里想的是当官,就会脱离群众,早晚有一天要被人民打倒。"这是朱德关于培养革命接班人的基本观点,他的儿孙就是在这种思想下哺育成长的。

朱德家里,有一个特殊的"学习日"制度。每当星期天和节假日,家庭成员陆续回来,团聚在一起,朱德总要他们抽出一段时间,坚持学习。朱德说:"平时,你们都各有各的工作和学习任务,凑到一起来很不容易,要利用这个机会交流学习。"只要他在家,他都亲自主持学习,从不间断。他常常让孩子们围成一圈,坐在他面前,这个读一段,那个读一段,每读完一段,就让孩子们讲一讲,提出问题。他仔细地听着,谁读得好,理解得正确,就受到表扬;谁读错了字,他便立即纠正;如果谁不认真思考,讲得不对,或者提不出问题,他就提些问题启发他,有时候还要提出批评。

在他亲自主持下,孩子们的"学习会"每次都开得很认真,很活跃。有时候孩子们为一个问题争论起来,他不忙说话,一个一个地把孩子们的话听完。孩子们七嘴八舌地吵了一阵,得不出结论,都看着爷爷等待答案。这时候,他才慢慢地指出谁说得对,谁说得不对,分析对和错的原因。

他的孙子们都记得这样一件事：1964年的国庆节上午，孩子们有的参加学校的活动，有的参加天安门前的组字活动，有的参加游行，中午回到家里，个个都挺累的了。他们想，爷爷那么大年纪了，今天在天安门城楼上，同毛主席、周总理等一起检阅游行队伍，站了整整一上午，下午的家庭学习会肯定不开了。然而，午饭以后，爷爷把孩子们都叫了去。孩子们满以为爷爷会告诉他们哪儿演出，哪儿放焰火，暗地里想，这回可要玩个痛快了。谁知等他们到齐后，爷爷说："今天是'十一'，咱们更不能忘了学习。咱们先学学报纸上的社论，这篇文章很重要。"孩子们一听全愣了，大家你看看我，我看看你，小一点的嘟起了嘴，稍大点的就说："大家都挺累的，应该好好歇歇，社论什么时候学不成呀？""这话可不对呀。农民种地不能误了节气，工人不能拖延生产计划，我们学习也是这个

■ 1953年，朱德全家在北京合影

道理,不能把今天该学的东西放到明天。"爷爷很严肃地看着他们说。

接着,爷爷又风趣地问他们:"你们都挺累了,晚上就不要去参加晚会了吧?"

孩子们七嘴八舌地叫起来:"参加!参加!"

朱德又说:"看,你们想歇歇,是为了晚上去玩呀。可是学习和参加晚会,哪个重要啊?"

孩子们听了都不吭声了。这一天,全家还和往常一样,认真学习了当天的社论,还进行了热烈的讨论。

为了不使孩子们滋长特殊化的思想,朱德在衣、食、住、行等各个方面,都对他们有严格的要求。几个大孩子穿的鞋,通常是从后勤部门买来的战士们上缴的旧鞋;衣服,总是大的穿了小的穿,破了缝缝补补继续穿。朱德常说:"衣服的主要作用是御寒,只要穿上暖和、干净,就是好衣服。"他绝不允许孩子们的生活水平超过一般职工子弟。

1960年,朱德的孙子满7岁,该上学了。开学那天,他背上小书包,换上干净的衣服,笑啊,跳啊,高兴得不得了。他知道学校离家很远,以为爷爷一定会用汽车把他送去。走出门去,出乎他的意料,等着他的并不是爷爷坐的小汽车,而是一辆三轮儿童车。原来,爷爷事先让工作人员到附近街上请来了三轮车工人,每天送孩子上学。孩子一见就嚷起来:"这不是四个轮子的呀,我要坐四个轮子的车!"朱德听到了,严肃而又和蔼地说:"你问一问王伯伯,他像你这么大的时候,坐过汽车吗?"蹬儿童车的老王同志说:"别说汽车,就连这三轮车也没坐过呀。旧社会我给有钱人家拉包车,光着脚跑遍了北京城,可还是吃不饱肚子。"爷爷抚摸着孩子的头,微微弯下腰,亲切地问:"你要坐小汽车,别人的孩子也要坐小汽车,你们要浪费国家多少汽油啊?你今天坐,明天坐,以后还能和没有汽车坐的小朋友在一起吗?你今天想坐汽车,明天想穿新衣服,你能爱学习吗?你坐了汽车就高兴,吃了糖果就舒服,你还能爱劳动吗?"孩子听了低下头,一句话也说不出来。爷爷又拍拍孩子的头说:"爷爷像你这么大的时候,早就下地干活,帮助家里做事了。你们多幸福啊,可不能变成小泥鳅,全身挺滑,总想钻到泥里舒舒服服睡大觉。"孩子一听就笑了,周围的人也都笑了。

朱德身边的孩子们,从上小学起,就在爷爷奶奶的教育下学习一般的劳动。扣子掉了自己缝,鞋子脏了自己刷,衣服脏了自己洗。稍大一些,还让他们学会生炉子、做饭。朱德说:"这是生活的基本功,每个人都要学会。"身边虽然有服务人员,但他总不让孩子们去麻烦他们,增加他们的负担。他说:缝缝洗洗,可以培养独立生活能力和劳动观点,不能把孩子们养成衣来伸手的小少爷。

星期六,孩子们都回来了。第二天一清早,爷爷奶奶把他们叫到跟前,给他们小锄和水桶,把他们带到朱德亲手开辟的小菜园去。孩子们扛上锄头,觉得自己一下子长大了很多——也像大人一样干活了,所以都很高兴,又是说又是笑。朱德给他们示范,一边做,一边讲怎样刨坑,怎样施肥,怎样点种。接着,孩子们就七手八脚地跟着忙起来。但是真干起来,就不那么好玩了。锄头在爷爷手里显得那样轻巧,那样听话,刨出来的坑一样深浅,一样大小,坑与坑之间的距离又那么匀称。等到他们自己干的时候,锄头老在手里打转转,刨的坑有大有小,有深有浅,有远有近。干了一会儿,一个个气喘吁吁,满头大汗。有一个孩子悄悄坐到一旁休息去了。朱德把他叫到身边,问他是不是累了。孩子噘着嘴说:"手都酸了。"朱德耐心地对他说:

"干活就不要怕累。农民伯伯每天都在地里劳动,他们不累吗? 我们吃的穿的都是他们生产的。你们现在不愁吃不愁穿,从小干点活是为了培养劳动观点,学会为人民服务的本领,怎么能怕苦怕累呢?"孩子听明白了道理,又愉快地干起来。

朱德对后代的教育是严慈相济的。他对孩子们十分爱护,不仅关心他们的生活、学习,更关心他们的成长。他对孩子们说:"应尽到我们的责任,把你们培养成无产阶级革命事业的接班人!""在

旧社会里，人们都盼望自己的孩子能干一番大事业。他们所说的大事业，就是做官发财。我也希望你们做大事业，但这个大事业就是为人民服务，为中国人民和全世界人民服务。你们说，这个事业还不大吗？"

在朱德的谆谆教导下，他的儿子当了多年的火车司机，女儿一直做人民教师。一个在他身边长大的侄子在工厂当工人，直到因公牺牲。他们工作兢兢业业，认认真真，任劳任怨，像普通人一样，为社会主义建设贡献着一份力量。

粗茶淡饭最相宜

朱德一生生活极其俭朴,饮食从不讲究。战争年代里,他和战士们一样,吃同一锅煮出的青菜。进城后,日常饭菜依然十分简单。在衣食方面,他非常注意节约,总是能节省一分钱就节省一分钱。

朱老总的每顿饭差不多都是一碗米饭,一盘素菜,一盘荤菜,一小碗鸡蛋汤或菜汤。晚饭吃得更简单一些。他吃的青菜,大多是自己种的。朱德特别喜欢吃自己腌的泡菜,尤其是泡辣椒,几乎每餐必备。他主张少吃肉,认为肉吃多了对健康没有好处。

平时在家里吃特灶的只是朱德,康克清都是在普通食堂吃饭。逢星期天或节假日,孩子们回来,吃的也是家常便饭。

有时来了客人,朱德留吃饭时也只是嘱咐添一两个简单的菜,不够就上点泡菜、咸菜等小菜。他最反对铺张浪费,摆谱比阔气。

给朱德做饭时,厨师总想多做一些,好让朱德多吃点,吃不完倒掉就算了。可是没几天,他发现老总每次吃饭,尽量把做的饭菜都吃掉,连一点菜汤、一颗饭粒也不愿剩下。偶尔剩下一点饭菜,到下顿吃饭时,他总要拿出来吃。一听说倒掉了,马上严肃地批评说:"这是浪费人民的血汗",并且一再嘱咐,剩菜剩饭一点不能倒,一定要留给他下顿再吃。

有一次,供应站送来了大对虾。厨师知道朱德最爱吃鱼虾,就

买了几个,精心烹好,中午吃饭时,送到朱老总的饭桌上。

朱德见菜里有一盘对虾,就问是从哪儿弄来的,多少钱一斤。厨师如实回答了,朱德说:"老邓啊,对虾是好吃。可你知道吗?一吨对虾到国外就能换回好多钢材哟。我们国家穷,缺钢材,对虾少吃一口有啥关系,出口换钢材更要紧。以后记住,再有对虾你就不要给我买了,买了我也不吃。"

厨师说:"您是国家领导人,就是顿顿吃对虾能吃多少。"

朱德一听,马上认真地说:"国家领导人更要想着国家啊!能节约一点,就节约一点嘛!反正以后不要吃对虾就是了。"

厨师知道朱德说话算数,以后再没有为朱德买过对虾。

60年代初期,保健医生根据朱德的健康需要,通知厨师,老总吃鸡蛋时,只能吃蛋清,不要吃蛋黄了。于是,厨师每次给朱德做菜用鸡蛋,都有意把蛋黄分出来给别人吃。

不久,朱德要到广东农村视察工作。临行前,朱德在吃饭时对厨师说:"你要跟我到农村去视察工作了,要记住,在下面给我做饭,一定要坚持原则,按最低标准。做鸡蛋时,蛋清蛋黄都要做,都要吃。不然老乡看见我只吃蛋清,以为我们当领导干部的娇贵得吃鸡蛋都不吃蛋黄。我的身体不要紧,多吃几个蛋黄没什么,领导机关的人给下面带去什么影响和作风才更加重要啊!"

朱德每次下去视察工作,都谢绝大吃大喝招待。当地有什么就给老总做什么,他从不挑剔。

1957年2月,他到云南视察。省委领导考虑他已是70多岁的老人,为了照顾好他的身体,反复叮嘱工作人员把伙食搞好一点。可是朱德再三提出不能超出他的伙食标准,只希望把饭菜做得清淡一点。

一次,工作人员做了一个"金雀花炒鸡蛋",一端上来,他特别高兴,问道:"如今昆明还有没有'马豆尖'?"

"有,现在就有。"

工作人员又问:"您过去吃过'苦刺花'吗?"

朱德连说："吃过,吃过,要放昭通酱炒,很好吃。"

工作人员这才知道群众常吃的这些野菜,也是他喜爱的东西,就经常为他做。每次摆上桌,他都十分满意:"这些山野菜,可是好东西。过去老百姓就靠这些野菜度日子,营养不比山珍海味差呀!"

过了一段时间,省委检查接待工作时,发现朱德每天的伙食费用大大低于规定的标准,怕影响了他老人家的健康,就吩咐工作人员做些燕窝、银耳等胶质较多的食物给朱德吃。

第二天,工作人员上了一碗"燕窝煮鸽蛋"。可一端上桌,朱德就立刻把工作人员叫去,批评说:"我们每天吃得很不错了嘛,群众能这样吗?为什么要弄这种高贵的东西?"

工作人员连忙解释说:"省委怕不能保证您的营养,影响您的身体健康……"

"怎么会呢,我的身体不是很好吗?这次燕窝的钱我出了,下次再弄来,我可要罢吃了!"

当时,由于省委领导再三强调要保证朱德的营养,过了几天,工作人员又做了一次燕窝,硬着头皮给朱德送去。这下,朱德真的生气了。他一口也没吃,而且还让康克清专程去商店调查了燕窝的价格,严厉地批评了工作人员。省委领导知道后,也不再强调伙食标准了。

此后,工作人员经常做些青蚕豆焖饭、炒香椿、豌豆尖,朱德十分满意,他高兴地说:"多少年没吃这些东西了,别有风味,还是这些东西好!"

朱德生活很有规律,除因工作、开会等影响外,一般做到按时作息,劳逸结合。他吃东西粗细粮搭配,荤素菜混吃,尤其喜欢蔬菜和水果。他不吸烟,不饮酒,不吃零食。他吃苹果、梨和白薯从来不削皮,还常常对家里人说:"皮有营养,扔了是一种浪费",鼓励孩子们吃水果连皮吃掉。

三年自然灾害时期,朱德家人口多,吃粮也多。有一段时间,

在中南海的晨雾里,常常能看见朱德的身影。那是他利用清晨散步的时间,在树林草丛中挖一些可以食用的野菜带回家,让厨师做成菜糊糊。有时还让康克清买回红薯,用红薯和菜糊糊代替主粮。吃饭的时候,他常常提醒孩子们吃多少盛多少,要把饭吃干净,不要在碗里剩下饭粒,如果饭桌上掉了饭粒,他还把饭粒一粒一粒捡起来吃掉。

朱德是我们党和国家的高级领导人,他始终保持劳动人民的本色,珍惜一粒米、一滴水。这是为什么呢?朱德有句常挂在嘴边的话:"老百姓怎样生活,你就怎样生活。"这是朱德给予的答案。

战友情谊

朱德和周恩来是几十年的革命老战友。1922年10月,他们在德国柏林相识,两人一见如故,整整谈了一夜,谈得十分投机。朱德对比他小12岁的周恩来非常钦佩,周恩来对朱德迫切寻求革命真理、寻找共产党组织的心情也非常理解。当朱德提出加入共产党的要求时,周恩来爽快地答应了。

这年11月,在周恩来、张申府的介绍下,朱德终于实现了他梦寐以求的愿望,成了一名共产党员。

柏林会面,成为朱德和周恩来友谊的开端。在以后几十年的革命生涯中,朱德与周恩来生死攸关,休戚与共。他们彼此非常尊重,政治上互相鼓励,工作上互相支持,生活上互相关怀。

1936年12月,在全国人民的抗日怒潮中,发生了"西安事变"。周恩来作为我党的全权代表,进行着繁忙的国共谈判工作,经常冒着严寒往返于延安与西安之间。有一次,周恩来从朱德那里出发,没有带行李。朱德有一条毛毯,是1931年国民党起义将领董振堂送给他的,它伴随着朱德经历了反"围剿"的激烈战斗,经历了艰苦卓绝的二万五千里长征。朱德把自己唯一的这条毯子送给周恩来御寒。

1937年5月,周恩来从延安赴南京,经过甘泉县的劳山时,遭到一股土匪的突然袭击。周恩来指挥警卫人员机智地摆脱了敌

人,从小路走到红军驻地。我们的部队闻讯赶到,匪徒们狼狈逃窜。毛毯被战士捡了回来,上边让匪徒用刺刀戳了好几个窟窿。

全面抗战爆发后,在朱德即将奔赴太行山抗日前线时,周恩来想到那里天气寒冷,又把这条饱含革命情谊的毛毯回赠给了朱德。在太行山,朱德住在老乡家里,因为老百姓太爱自己的总司令,总想把火炕烧得更热些,结果这条毛毯又被烤焦了几个洞。朱德仍舍不得丢掉它,请被服厂把烤破的地方给补缀起来,继续带在身边使用。从抗日战争到解放战争,朱德一直使用着这条毛毯,最后把它带进北京。全国解放后,朱德把这条毛毯捐赠给了博物馆。

在艰苦的战争年代,朱德和周恩来互相关心,互相爱护。周恩来每次外出回到延安,总要询问毛泽东和朱德的伙食搞得怎样,如有人送点什么吃的给他,他总要工作人员先送给毛泽东和朱德一些,自己才肯吃。有一次,工作人员给周恩来领了一点水果,周恩来马上问:"主席和朱老总有没有?中央其他领导同志有没有?"当他听到回答说"我们送去的比这还多,比这还好呢",他才高兴地收下了。

新中国成立以后,周恩来更忙了,很少有休息的机会。但只要有休息的时候,朱德总要和他聚一聚。周恩来每次见到朱德的子女,总要反复叮咛:"老总这样大的年纪,你们可要注意他的身体。"每次在外地开会,周恩来考虑到朱德年纪大了,总要把较好的房子让给朱德。

而每当工作人员给朱德送来什么东西,他也总是要问:"毛主席有没有?总理有没有?"有时候亲友捎来点什么,他也总要分送给主席和总理。他知道周恩来成年累月地辛勤工作,很少休息,每次看电影,他总要说:"去把总理请来,借这个机会让他休息休息。"每当朱德和周恩来聚在一起,两人又说又笑,谈得那样亲切,感情那样融洽。只有像他们那样为了同一革命目标而奋斗终身的战友,相互之间才可能有这样深切和诚挚的感情。

■ 朱德和周恩来在一起交谈

1973年以后,除了开会,朱德和周恩来在一起的时间并不多。但是这两位老战友时刻在互相关怀、惦念着对方。周恩来患病住院期间,还经常托人问候朱德,朱德也一直关心着周恩来的病情。

朱德早就想去看望周恩来,可是"四人帮"为了篡党夺权,一方面轮流到周恩来面前搞"车轮战"迫害他;另一方面,又定出许多清规戒律,千方百计阻挠老同志与周恩来见面,就连朱德这样的老战友,要去医院看望他,也得经"四人帮"批准。1975年"五一"节,朱德又提出要看看总理。过了两个多月,"四人帮"才准许朱德去看望。

1975年末,朱德因病住院。在病床上,他更加怀念重病中的周恩来,想让康克清去看望一次。这个要求被"四人帮"拒绝了。在周恩来生命的最后时刻,朱德想转达一声对老战友的问候都不能实现。

1976年1月8日,周恩来逝世。当时朱德刚出院,病还未全好,全家人不敢把总理逝世的消息告诉他。那天下午,朱德还去接见外国使节,接受国书。回到家里,康克清先慢慢地对他说:"总理的病情最近恶化了。"他听了还不相信,认为医疗条件那么好,病情不会发展得那么快。

到了晚上8点,朱德终于得知周恩来已经逝世的消息。他先是一怔,抬起头睁大了眼睛看着家人,见家人一个个泪流满面的样子,才相信是真的,两行热泪马上夺眶而出。他一动也不动,任凭脸上的热泪一滴一滴地滚落下来,落在衣襟上。

"老总,你要安静些!"

"爸爸!您的病刚好,千万不能着急呀!"

康克清以及孩子们围坐在他的周围,想用各种各样宽慰的话使他老人家平静下来。可是,这一切都是徒劳的。

"你们知道总理的革命历史吗?你们应该了解总理的革命历史啊!"过了好一会儿,朱德用满含泪水的双眼把家人一个一个看了一遍,声音颤抖地问道。

周围的人们频频点头，可是谁也没有说话。沉默之中，朱德的思绪似乎回到了那久远的年代，回忆起他和周恩来一起经历过的磨难和风雨。

当听到周恩来临终遗言，要把骨灰撒在祖国的大地上和江河里，朱德一边流泪一边说："过去人们死后要用棺材埋在地里。后来进步了，死后火化，这是一次革命。现在总理要把骨灰撒在祖国的大地上和江河里，这也是一次革命。总理为党、为国家、为人民鞠躬尽瘁，死而后已，是一个真正的彻底的革命家。"

1月11日上午，朱德支撑着颤巍巍的病体，乘车去北京医院，向周恩来的遗体告别。一路上，他一直不断地掉泪。到了周恩来遗体前，他庄重地举起右手，向周恩来行军礼致敬。朱德心中的巨大悲痛，他对周恩来的无限崇敬和深切悼念，都化在这一庄重的军礼中。

1月15日举行追悼会，朱德一定要出席。但是就在出发之前，90高龄的朱德由于哀痛过分，两条腿说什么也站不起来了。他没有去成，为此一直感到无限遗憾。在悼念周恩来的沉痛日子里，朱德吃不好饭，睡不好觉，整天念着周恩来的名字。从这以后，他常常默默无言，每天的工作量却悄悄加大了——朱德是在用做更多的工作来纪念自己最亲密的战友啊！

战友情谊

唯有兰花香正好

朱德不仅爱树,而且喜爱花,特别是兰花。在多年的采花、育花实践中,他发现兰花可真是个宝。

兰花,籍贯中国,是我国特产的一种珍贵花卉。兰花洁静淡雅,幽香清远,素有"香祖"之称。

兰花净化空气的能力极强,一株小小的兰花,即便是一株不起眼的吊兰,其吸入二氧化碳,吐出氧气的作用能抵上一台空气清新机。

中华民族有爱美的传统,人们很早就习惯于欣赏自然美,兰花则是一个重要的欣赏对象。它常开于春初,高洁自如,自古受人赞美。

兰花不仅是大自然赐予人类的艺术品,而且也是科学技术的结晶。兰花上品分"梅瓣"、"荷瓣"和"水仙瓣",一茎开一花,开数朵至十数朵。20世纪50年代以后,由于工业的发展,污染逐渐严重,世界各国有识之士,呼吁保护自然生态和居住环境,对城市园林化、庭园绿化、办公大楼和居民住宅内部的植物配置愈来愈重视。兰花,是重要的出口换汇资源。

朱德认为新中国建设必须在改造环境的同时,保护环境,给人民创造一个美好的绿色家园。兰花正适宜于此。

朱德养兰花,从不坐享其成,一定要自己动手采集、培育。祖

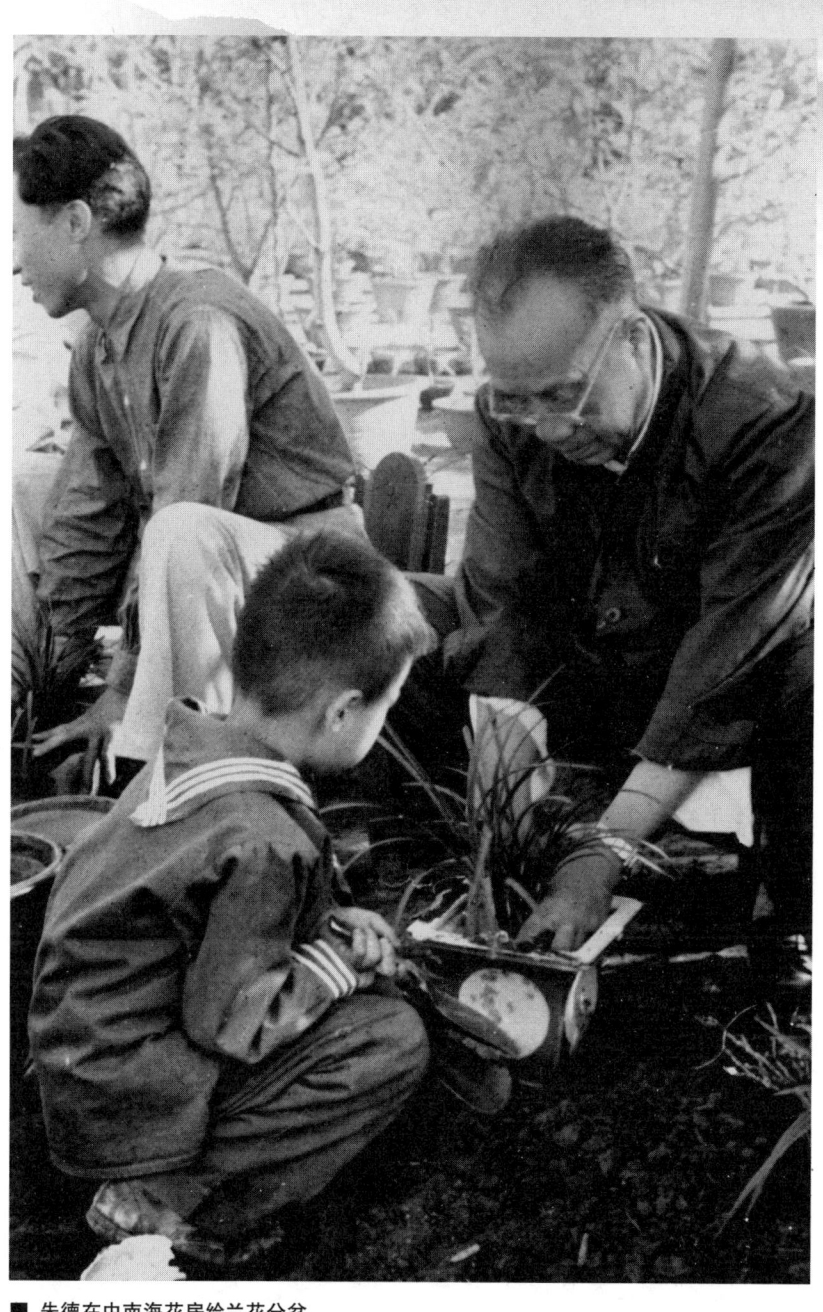

唯有兰花香正好

■ 朱德在中南海花房给兰花分盆

国的江南,山山坡坡生长着许多不知名的野兰花,它们生长在山石岩缝中,生命力顽强,但未经过"驯化",其观赏价值、经济价值不高。朱德栽养兰花,常利用外出机会,利用工作之余的空闲时间,爬山登高,采集名山大川中的野生兰花,有时甚至蹲跪在树阴下,匍匐在草丛中,小心翼翼地把兰花挖出带回,精心培育、繁殖。1955 年,朱德栽养兰花 50 多盆,到 1964 年短短 9 年时间,已迅速发展到 3 000 多盆。这些体态优雅、婀娜多姿的兰花差不多都是他亲手培育的。

在这些花盆里,有一种著名的"井冈兰"。

早在井冈山时期,朱德便把一种野生兰花取名为"井冈兰"。在当时艰苦的环境下,战斗频仍,不可能采来培养。1962 年 3 月,他重访井冈山。76 岁高龄的他,在深入群众、问寒问暖的同时,仍然惦记着这种经受过血与火洗礼的兰花。他问井冈山的同志:"我记得这里过去到处长着兰花,现在不知道还有没有?"

陪同朱德的袁林说:"这里有兰花。有个盆地叫'兰花坪',现在我们叫它花果山,兰花遍地皆是。"

朱德马上说:"我去看看!"

这下难住了袁林:"那里我们还没来得及修公路,山路不好走,我们去挖几株来吧!"

朱德笑着说:"不用了,我要去看一看,没有公路,我自己可以走嘛!"

兰花坪到了。茂盛的树林丛中,一片兰花生机盎然。朱德激动不已:"是在这里,是在这个地方,当年我们向赣南进军就是从这里出发的。那时,我们集合部队,马都系在这片林子里。"他蹲下身,采了几株兰花,爱抚地闻了闻,欣喜地说:"清香扑鼻呀!"

人们后来读到了朱德那别有韵味的咏兰诗:

幽兰吐秀乔林下,仍自盘根从草傍。

纵使无人见欣赏,依然得地自含芳。

朱德将采来的野兰花设法带回北京,种在花盆里,认真加以

"驯化"。

朱德培植兰花很入迷,每当一天的工作结束了,他就会来到兰圃,给兰花浇水、施肥、翻土、换土、捉虫、修理病叶。他曾对身边的工作人员说:"养兰入门易,精通难。须窥天时,测气候,勤于护侍,做到栽养有法。"他从养兰花的书中和兰花专家处学到了一套完整的栽培技术,对兰花越爱越深,栽兰技术日渐精湛。他那渊博的兰花知识及精湛的栽培技术,就连行家都很佩服。

朱德每次采集、繁育好了的兰花,都不是孤芳自赏,他经常将自己培育好的大量兰花送给各地公园,使其在祖国各地繁殖推广。他常说兰花是国家宝贵的文化遗产,又是重要的资源和财富。要与外界交流栽培经验,交换品种。传统名贵的品种要保留好,野生品种还要不断地挖掘。

他还建议向群众出售兰花,大盆的不好卖,可以栽成小盆的。冬天群众无处安放时,可以送回兰圃代为保存。要经常举办花展,让大家来观赏,净化空气,美化人们的生活环境,为广大人民服务。还可以出口换取外汇,支援国家的经济建设。

1960年1月,朱德到贵州视察。当他在贵阳森林公园见到贵州的一些野生兰花时,十分高兴。他认为贵州的山川气候适合兰花生长,便向贵州园林部门提出应对这些野生兰花进行系统的品种整理,把驯化培育和良种选育工作搞好,为祖国的大花园增色添香。随后,他又将自己亲手培种的40多盆"素心春兰"、"送春蕙兰"等优良品种送给贵阳森林公园。1964年,朱德再次到贵州视察工作时,又带去60多盆兰花和4种关于养兰的书籍资料,赠送给贵阳市园林部门。

1963年1月,朱德在海南五指山采集到100多种兰花。他将它们分成三份,自己带一份回北京,将一份赠与海口市人民公园,另一份赠与广州市兰花圃,使这两个公园增添了新品种。他还把自己亲手繁殖好的福州建兰,送给广州华南热带植物园的兰圃,鼓励他们繁殖推广。现在北京中山公园的兰花,有许多品种是朱德

所赠送的。

50年代后期,中山公园从上海引进了一批品种优良的兰花。这事儿不知怎么被朱德知道了。很快,他来到公园的兰花圃,细细观赏了每个品种。临走前,他嘱咐年轻工人要养好这些兰花,要多向老师傅学习养好兰花的技术。

以后,在周末或假日里,朱德常来此观看兰花。他每次来,都不断询问花的养护与生长情况。"换盆了没有?""用的什么土壤,施的什么肥?"还叮嘱工人说,兰花在北方栽培有一定的困难,温度不够,冬季寒冷,要有信心养好它,要知难而进。

有一次,朱德来公园看兰花,看到海南岛的一个品种正在开花,当时工作人员还不认识这是哪种兰花,朱德看了后说:"你们看,这像不像翩翩起舞的海燕,咱们就叫它'海燕齐飞'吧!"在场的人都觉得这花确实具有海燕飞舞的神采,这名字非常形象。所以,直至今日,中山公园的工作人员仍然把这种兰花称作"海燕齐飞"。

又一次,"台兰"开花了,这是一种花序上开好几十朵小花的多花兰,呈红褐色。大家都叫不出它的名字,朱德凝视了好一会儿说,这花多像一群忙忙碌碌正在采蜜的小蜜蜂啊!于是,"蜜蜂兰"因此得名。

解放前,兰花只是供有钱有势的人玩赏的,一般老百姓是很难见到的。解放后,劳动人民成了国家的主人。朱德常说:"兰花不能像过去那样只供少数有钱人玩赏,要逐步走入寻常百姓家里。"中山公园按照朱德的要求,曾多次派人到全国各地采集野生品种,交流养兰经验,先后共收集并养植了250个兰花品种,每年都举办春秋两次兰花展览,丰富人民群众的生活。

别忘了人民

建国初期,百废待兴。朱德作为党和国家的领导人,日理万机,但他从来没有忘记人民的疾苦。他每年都要抽出一定时间到全国各地视察,每次出去视察,都详细了解当地人民的生活状况,教育当地干部关心人民生活,帮助群众解除疾苦。

黑龙江北安庆华工具厂厂长孙云龙,在延安时是一个兵工厂的厂长,和兵工战士一起设计制造了第一支马步枪,曾经受到朱德的表扬和接见。1952年,他又在边陲小镇见到了朱总司令,心情格外激动。总司令望着孙云龙熟悉的面孔,想起在延安时的情景,握着他的手说:"那时候你是个百八十人的小厂,现在是六七千号人马的大厂,你也是个大厂长了。你可要把群众的事办好哟!你们厂地处边远地区,困难更多一些,更应该关心群众。"

朱德无论在哪里视察,总要到群众中去,同群众保持密切的联系。他住的是普通宾馆、招待所,甚至还住过机关办公室。1964年,他到牡丹江市视察时,到公共场合散步,到游客中观棋、下棋,还同康克清一起逛市场。回来时,顺便买了一些白兰瓜。他们把住处服务人员请来,边吃瓜边说笑。大家都亲切地感受到了朱老总身上的长者风范和百姓情感。

1957年初和1963年初,朱德两次到广东湛江视察。当时,湛江人民同全国人民一样,正经历着政策失误和自然灾害造成的磨

难。群众生活状况如何,成了朱德两次视察的一个重要关注点。在视察湖光农场时,他仔细向场领导询问:"有没有种水稻?种菜了没有?养猪了没有?"他多次强调,你们要关心群众生活,我们国家现在还很穷,经济还很困难,你们要想办法把职工生活搞好。职工生活搞好了,大家才有力气干活。他还建议农场成立业余宣传队、电影放映队,搞好职工文娱活动,调节群众生活。他同时提出:"不要盲目建办公楼、灯光球场,要发扬军队的作风,弄几个柱子一竖,哪里都可以打球。"

朱德到湖光农场时,王金昌场长刚从工地赶回来,手上、脚上都有泥巴,不好意思与他握手,但他老人家却一把握住王金昌的手说:

"我们解放军就是不怕土,不怕泥,才打败了国民党。解放军如果怕泥、怕土,那我们就要犯官僚主义,脱离人民。"

他还问:"干部参不参加劳动?"

王金昌说:"场里规定,干部每个星期参加劳动两天。"

朱德说:"干部参加劳动好啊!一不会犯官僚主义,二不会脱离群众,三不会瞎指挥。"他还语气坚定地说:"你们要官兵一致,不要搞特殊化。"

在湛江视察期间,不管在工地、垦区、港口或下榻的招待所,朱德主动与工人、农民、服务员握手,或招手致意。他随身携带一个小本本,在视察湛江港口时,他详细询问港务局副局长王树棠,码头有多长,水有多深,可停泊哪种吨级的轮船等。临走时,还掏出小笔记本,请陪同视察人员签名留念。

全国解放后,仪陇县委的领导向中共川北区工作委员会打了一个报告提出,马鞍是朱德的故乡。现在全国各地乃至世界上的一些朋友都想来仪陇参观,访问朱德故居。因此计划拨出几百亩土地修建一个"朱德纪念馆"。川北区党委把这份报告转呈中央。朱德听到后很着急,要川北区党委立即转告仪陇县委的同志:纪念馆不要修了。农民世世代代生活在那个地方,不应该把他们迁走。

那些土地要分给农民耕种,以利发展生产。

马鞍的父老乡亲得知朱德要把为他修建纪念馆的土地分给当地农民时,激动地说:

"总司令胸中处处想着人民,就是没有他自己。"

1959年,为了迎接国际友人到朱德的家乡访问,仪陇县委根据上级指示,把年久失修的朱德故居加以修缮,开辟了一个陈列馆。

1960年,朱德到四川视察工作,顺便回到阔别了50多年的家乡。当他看完陈列馆之后,严肃而诚恳地对县委书记说:

"不要办我的展览馆。把这个地方改建成一所学校,让娃娃们念书,好不好?希望你们快动手!"

1962年,仪陇县委书记和副书记到北京开会,朱德再次问起这件事,仍然建议把故居改建成小学校,以便让更多的孩子有书读。家乡的同志深为朱德大海一样的胸怀和为人民所想的精神所感动,但又不能采纳他的建议,就再三解释保留陈列馆的原因。临别时,朱德还是满怀忧虑,无可奈何地说:"感谢仪陇县委、各级党组织和父老乡亲对我的信任和关照。但对这件事,我仍然保留我自己的意见。"

在关怀着全国各地百姓的同时,朱德一时一刻也没有忘记老区的人民。1966年底,北京师范大学组织部分师生去晋东南农村调查,朱德的女儿朱敏也一同前往。临行前,朱德把女儿找来叮咛说:

"晋东南是个好地方,抗战时期八路军总部就设在你将要去的武乡县。那里的老百姓很好,是他们用小米养活了我们八路军。你去了要好好向他们学习。"

他还特意嘱咐朱敏,一定要抽时间到王家峪、砖壁村等地走走,去看看老乡、村干部,看看留在当地的老八路。

半年以后,朱敏从晋东南返回北京。她一进屋,朱德就高兴地过来听她讲下乡的收获。

别忘了人民

共和国领袖故事

朱敏心情也很激动,说她专程去了王家峪,看望了当年的老村长、支书、武委会主任,以及柳沟八路军兵工厂的老工人,向他们转达了朱德的问候。她亲眼看到当年父亲和砖壁村群众一起挖的抗日井,朱德和左权将军的办公小屋,八路军总部所在地凤凰坪。每到一处,乡亲们都向他讲述朱德当年率领子弟兵浴血奋战的情景,使她深受教育。

朱敏还把她和当地老乡的合影拿给父亲看。朱德打量着变得又黑又红的女儿,含笑说道:"很好,可惜时间短了些。这只是开始,你以后应该多去农村走走。"说着,他戴上老花镜,仔细地端详起照片。他一下认出了当年的妇联主任,用手指点了点照片上的人,问朱敏:"这不是赵子平吗?老了!她今年有70岁了吧?"

■ 1960年,朱德在济南郊区察看麦子生长情况

朱敏没想到父亲的记忆力是这样好,连忙应声说道:"是啊!她71岁了,精神、身体都挺好,以前的事还记得。"

　　朱德望着照片,不住地点头,好像沉浸在对往事的回忆里。过了一会儿,他才带着浓重的感情说:

　　"根据地的人民是有功之臣,对他们是不能忘记的!"

革命到底

1976年1月8日,周恩来总理逝世,在朱德心中引起了深深的悲痛。这不仅是由于朱德和周恩来的伟大友谊50多年来始终不渝,而且越临近他们生命的最后时刻,越真挚,越深沉,还由于他对正处在忧患之中的党、国家和人民怀着难以言喻的深重忧虑。

自从"文化大革命"以来,这种忧虑不安的情绪时时萦绕在朱德心头。这期间,他很少说话,很少活动,经常一个人在屋子里默默坐着,沉思着……"文革"后几年,江青一伙的倒行逆施越来越无所顾忌。周恩来逝世后,毛泽东身患重病,"四人帮"加紧了篡党夺权的活动,他们利用各种舆论工具,攻击诋毁周恩来和主持中央、国务院工作的邓小平,全国局势很混乱。这些,更引起朱德深深的不安。

但朱德毕竟是历经风霜的老革命家,他那颗经历过出生入死、风云变幻考验的心,在动乱的局面下,一方面被煎熬得异常苦痛,另一方面也变得愈益坚定、刚强。

1975年3月6日,朱德写下了"革命到底"四个大字的条幅。这时候离他逝世只有1年多了,笔迹依然苍劲有力。从朱德那沉着浑厚的一笔一画中,联想当时的形势,他书写这4个字的深意就不难理解了。

当时,朱德已经90高龄。他知道自己的时间不多了,于是更加珍惜时间,争取多做些事情,努力践行"革命到底"的誓言。

人大常委会开会时,他对几个负责人说:"总理去世了,我们国家在国际上的威望只能上,不能下。""我们的生产只能上,不能下,一定要把生产搞上去。"

"四人帮"破坏生产,国民经济遭到极大损失。他在同一位老部下交谈时愤怒地说:"别听他们革命口号喊得比谁都响,实际上就是他们在破坏革命,破坏生产。不讲劳动,不搞好生产,能行吗?粮食不会从天上掉下来,没有粮食,让他们喝西北风去!"

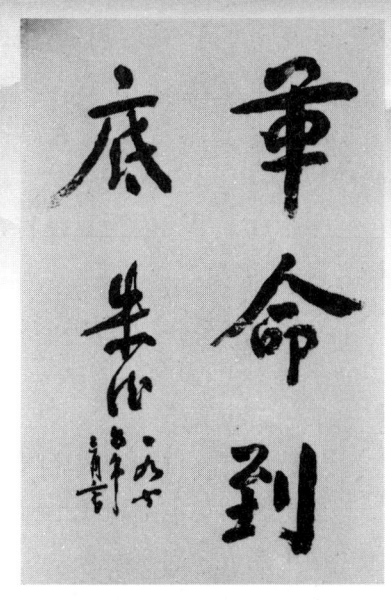

■ 朱德写于1975年3月的条幅

当"四人帮"大肆诬陷和攻击邓小平时,他在不同场合反复强调,在毛主席领导下,由邓小平主持中央的日常工作,这个班子很好,不能动。

中央党校教授成仿吾送给朱德一本《共产党宣言》,这是成仿吾根据1848年的德文原本,重新校正的译本。朱德看后,非常高兴,认为是一本值得认真读读的好书,说成仿吾为马克思主义做了一件大好事。他决定亲自去党校看望这位老学者。当时,身边的工作人员说:"老总,您的年纪这么大了,还是把他接来吧。"

朱德不肯。

"为什么让人家来看我呢?他的年纪和我差不多大,还是我去看他吧!"

5月21日,中央党校的成仿吾宿舍外,成仿吾激动地站着,等候老总。一辆轿车出现在他视野中,老总的车子缓缓停在50米外的小路上。

朱德下了车,拄着拐杖,由康克清搀扶着,向成仿吾走来。成仿吾忙迎上前去。两个老人紧紧握手。

成仿吾感动地说:"老总,这怎么使得!应该我去看您才是呵!"

朱德放了手:"因为我是官,你是民?这是原版《共产党宣言》译者说的话?"

成仿吾:"这是因为您长我十岁。"

朱德笑了,重新紧握成仿吾的手,摇了一下,又摇了一下。

成仿吾也笑了。

朱德说:"你可别嫌我老呵!"

成仿吾:"您也别嫌我小呵!"

两个老人一起笑起来。

在成仿吾的书房内,朱德详细了解了成仿吾的研究情况,新译本花了多少时间,有几个助手,工作条件如何等等。谈到最后,朱德站起身说:"你的工作非常重要。革命不能没有理论,但必须是真正的马克思主义!有人满口马克思,可实际背道而驰,搞假马克思主义那一套。历史不会答应,人民不会答应的!"

黄昏,两个老人走出楼外,朱德与成仿吾告别。朱德说:"你要保重身体,现在,老同志不多了……"

成仿吾紧紧握住朱德的手,泪花闪烁,一句话也说不出。

朱德提醒成仿吾注意身体,可他却丝毫不把自己的身体放在心上。当时朱德的身体健康状况已经很不好,持续多年的糖尿病等多种病痛时刻在折磨着他。但他总是说:"总理不在了,毛主席身体也不好,我应该更多地做些工作。"他带病开会,看文件,会见外宾,找人谈话,成天忙个不停。

1976年6月21日,朱德在人民大会堂会见了澳大利亚总理马尔科姆·弗雷泽。这次会面给弗雷泽留下了深刻的印象。他赞誉朱德为建设新中国做出了重要贡献。然而谁也没有料到,这次会见外宾竟是朱德最后一次外事活动。从此,他再也没有踏进人民

■ 1976年6月21日，朱德会见澳大利亚总理马尔科姆·弗雷泽。这是朱德最后一次会见外宾

大会堂的大门。

6月25日,朱德住进了医院。

在医院里,他仍然关注着国家的命运和前途。他鼓励主管生产的国务院副总理李先念要坚持生产,把生产搞上去。他向康克清鲜明地谈了他对"四人帮"的反对意见。他挂念着毛泽东的身体,他说话声音非常微弱,还在交待医疗小组的医生们好好照顾毛泽东。

7月2日,朱德的病情加重,几乎连话也说不了了。这天,他那刚刚大学毕业的孙女赶来看他。朱德见心爱的孙女来了,精神似乎好了些,他努力显得轻松些,甚至还说了句笑话:"我们的大学生来了……"第二句刚说了一半:"要做无产阶级……"就再也没有力气把话说完,只能对身旁的孩子们投以期待的目光。他显然要嘱咐他们做无产阶级革命事业的接班人。这是朱德对孩子们最爱说的一句话,也是他一生中说的最后的话。

7月4日,朱德用尽全身仅有的一点气力,喊出女儿的名字:"朱敏。"朱敏立刻俯下身去,凑近父亲的耳畔,安慰他老人家说:"爹爹,你不用说了,我明白你的意思——'永远听党的话,全心全意为人民服务,革命到底。'你放心好了!"听到这些话,朱德脸上露出欣慰的笑容。

1976年7月6日下午3点零1分,朱德的心脏停止了跳动,享年90岁。

朱德去世之后,他的战友、妻子康克清按照他生前的嘱咐,将他勤俭、节省、用近乎苛刻自己的方式一分一分地攒下来的2万元存款全部交给了党组织,作为朱德的最后一次党费。

朱德两袖清风地去了。他没有给儿孙留下分文,却留下了比金钱贵重千万倍的革命传统、情怀、意志,以及对后来人的无尽期望。

图书在版编目（CIP）数据

朱德/ 吕章申主编. — 上海:上海教育出版社,
2014.8(2019.10重印)
（共和国领袖故事丛书）
ISBN 978-7-5444-5652-4

Ⅰ.①朱… Ⅱ.①吕… Ⅲ.①朱德（1886～1976）
－生平事迹 Ⅳ.①K827=7

中国版本图书馆CIP数据核字(2014)第171268号

责任编辑　邹　楠
封面设计　陆　弦

共和国领袖故事
朱　德
中国国家博物馆　编著

出版发行	上海教育出版社有限公司	
官　　网	www.seph.com.cn	
地　　址	上海市永福路123号	
邮　　编	200031	
印　　刷	上海中华印刷有限公司	
开　　本	700×1000　1/16　印张 11.5　插页 1	
版　　次	2014年8月第1版	
印　　次	2019年10月第3次印刷	
书　　号	ISBN 978-7-5444-5652-4/K·0043	
定　　价	45.00元	

如发现质量问题，读者可向本社调换　电话：021-64377165